As flores de Obaluaê

O poder curativo dos Orixás

Norberto Peixoto

As flores de Obaluaê

O poder curativo dos Orixás

4ª edição / Porto Alegre-RS / 2023

Capa e projeto gráfico: Marco Cena
Revisão: Bianca Diniz
Coordenação editorial: Maitê Cena
Produção editorial: Jorge Meura
Assessoramento gráfico: André Luis Alt

Dados Internacionais de Catalogação na Publicação (CIP)

P379f Peixoto, Norberto
     As flores de Obaluaê: o poder curativo dos Orixás. / Norberto Peixoto. – 4.
ed. – Porto Alegre: BesouroBox, 2023.
     172 p.; 16 x 23 cm

    ISBN: 978-85-5527-065-9

    1. Religião. 2. Umbanda. I. Título.

CDU 299.6

Bibliotecária responsável Kátia Rosi Possobon CRB10/1782

Direitos de Publicação: © 2023 Edições BesouroBox Ltda.
Copyright © Norberto Peixoto, 2023.

Todos os direitos desta edição reservados à
Edições BesouroBox Ltda.
Rua Brito Peixoto, 224 - CEP: 91030-400
Passo D'Areia - Porto Alegre - RS
Fone: (51) 3337.5620
www.legiaopublicacoes.com.br

Impresso no Brasil
Maio de 2023.

SUMÁRIO

Umbanda, quem és?. 7

Palavras iniciais. 9

1. O caráter múltiplo da Umbanda 11

2. Raízes do culto aos Orixás 27

3. O Culto aos Orixás nos terreiros
   como promotores de saúde 30

4. Caminhos para a cura – por que procuram a Umbanda? 35

5. Estrutura energética
   humana – Orixá, Exu e individualidade 45

6. O poder curativo de Ori e dos Orixás. 54

7. O senhor do destino – o poder curativo de Orunmilá. 66

8. O fiel executor do destino – o poder curativo de Exu. 73

9. O pai da humanidade – o poder curativo de Oxalá. 81

10. A mãe da humanidade – o poder curativo de Iemanjá. 87

11. O senhor dos caminhos – o poder curativo de Ogum 92

12. A flecha certeira – o poder curativo de Oxossi............ 99

13. O machado duplo – o poder curativo de Xangô 105

14. A senhora dos ventos – o poder curativo de Iansã........ 110

15. A senhora da doçura – o poder curativo de Oxum 115

16. A guerreira da paz – o poder curativo de Obá 121

17. As flores de Obaluaê – o poder curativo de Omulu 126

18. O senhor das folhas – o poder curativo de Ossaim....... 132

19. A senhora da matéria
primordial – o poder curativo de Nanã................. 138

20. O transe ritual como prevenção
de doenças – o poder curativo de Obaluaê 143

21. As intervenções terapêuticas das entidades.............. 150

22. A falência do ponto de força do Orixá.................. 156

23. O que a Umbanda nos ensina?....................... 162

Umbanda, quem és?

Sou a fuga para alguns, a coragem para outros.

Sou o tambor que ecoa nos terreiros, trazendo o som das selvas e das senzalas.

Sou o cântico que chama ao convívio seres de outros planos.

Sou a senzala do Preto Velho, a ocara do Bugre, a cerimônia do Pajé, a encruzilhada do Exu, o jardim da Ibejada, o nirvana do Hindu e o céu dos Orixás.

Sou o café amargo e o cachimbo do Preto Velho, o charuto do Caboclo e do Exu; o cigarro da Pomba-Gira e o doce do Ibeji.

Sou a gargalhada da Padilha, o requebro da Cigana, a seriedade do Tranca-Rua.

Sou o sorriso e a meiguice de Maria Conga e de Cambinda; a traquinada de Mariazinha da Praia e a sabedoria de Urubatão.

Sou o fluido que se desprende das mãos do médium levando a saúde e a paz.

Sou o isolamento dos orientais, onde o mantra se mistura ao perfume suave do incenso. Sou o Templo dos sinceros e o teatro dos atores.

Sou livre. Não tenho Papas. Sou determinada e forte.

Minhas forças? Elas estão no homem que sofre e que clama por piedade, por amor, por caridade.

Minhas forças estão nas entidades espirituais que me utilizam para seu crescimento.

Estão nos elementos. Na água, na terra, no fogo e no ar; na pemba, na tuia, na mandala do ponto riscado.

Estão finalmente na tua crença, na tua Fé, que é o elemento mais importante na minha alquimia.

Minhas forças estão em ti, no teu interior, lá no fundo, na última partícula da tua mente, onde te ligas ao Criador.

Quem sou? Sou a humildade, mas cresço quando combatida.

Sou a prece, a magia, o ensinamento milenar, sou a cultura.

Sou o mistério, o segredo, sou o amor e a esperança.

Sou a cura.

Sou de ti.

Sou de Deus.

Sou Umbanda.

Só isso. Sou Umbanda.

Por Elcyr Barbosa

Palavras iniciais

A Umbanda tem três origens que se destacam em sua formação e que sistematizam o seu corpo teológico: ameríndia, africana e europeia. As duas primeiras são culturas ágrafas, característica de línguas que não têm escrita, em que os saberes são transmitidos pela oralidade – de boca a orelha, de mestre a discípulo, das gerações mais velhas às mais novas.

Notadamente, a religião tradicional iorubá, berço dos Orixás que aportaram no Brasil e que se mantêm pujantes nos terreiros, expressa outros meios de comunicação que impactam positivamente nas lides umbandistas, tão ou mais ricos que os textos melhor construídos. É marcante a linguagem oral diversificada, como a fala e os cânticos usados nos aconselhamentos espirituais, acompanhada de gestuais durante os transes mediúnicos, em que os movimentos rítmicos corporais têm alto simbolismo.

O saber umbandista é prático, preenchido de sons a cada encontro ritual, e se expande na união entre o mundo natural – físico e concreto – e o plano sobrenatural – metafísico e abstrato – durante os estados alterados e superiores de consciência.

É importante registrarmos conhecimentos adquiridos pela pesquisa, leitura e preponderantemente elaborados através de experiências práticas no espaço sagrado do templo umbandista. Neste sentido, a escrita não "congela" conhecimentos meramente intelectuais, disponibilizando-os para consulta a qualquer momento, e sim serve de acervo que reaviva a nossa memória ancestral. Isso é produção de saber em nossas vidas cotidianas, e deve ser visto como contribuição predisponente à preservação de nossas tradições, dado que naturalmente o que não tem registro tende a desaparecer, ou seja, aquilo que é utilizado de forma precária, não sendo adequadamente transmitido, acessível e universalizado a todos, consequentemente não será vivenciado e tende a deixar de existir.

A vida é dinâmica e a concepção religiosa umbandista contempla o equilíbrio complementar entre suas origens ágrafas e gráficas – o que é falado pode e deve ser escrito, a oralidade abraça o livro e o livro registra o que é transmitido oralmente.

A compreensão do simbolismo dos mitos, descortinando-se o significado mais profundo, espiritual, dos atributos divinos curativos dos Orixás e seus respectivos poderes de realização, que impactam na existência humana, foi o que nos motivou a escrever esta obra. Independentemente de acreditarmos no Orixá na forma de um santo católico, uma divindade africana, um índio brasileiro, uma pedra ou qualquer ponto de força da natureza, importa compreendermos que o empoderamento no axé d'Eles, em seus poderes de realização, é diretamente proporcional ao caráter elevado de quem os invoca e à intenção direcionada ao bem comum.

Todos nós, que somos devotos dos Orixás, devemos nos unir mais; sejamos umbandistas, candomblecistas, católicos, espíritas, universalistas... A devoção aos Orixás, que está visceralmente enraizada na alma do povo brasileiro, nos iguala, e só não a vê ou não a ouve quem não quer, por preconceito e intolerância religiosa. Rompamos as barreiras das denominações estreitas de doutrinas terrenas e façamos o dever da hora chegada, exercitando amplamente o respeito incondicional às diferenças e a fraternidade entre nós.

Um saravá fraterno.
Muito axé.
Norberto Peixoto.

1

O CARÁTER MÚLTIPLO DA UMBANDA

Dá licença, Pai Antônio
Que eu não vim lhe visitar
Eu estou muito doente
Vim pra você me curar
Se a doença for feitiço
Bulalá em seu congá
Se a doença For de Deus, ai
Pai Antônio vai curar
Coitado de Pai Antônio
Preto Velho curador
Foi parar na detenção, ai
Por não ter um defensor
Pai Antônio é quimbanda*, é curandor
Pai Antônio é quimbanda, é curandor
É pai de mesa, é curandor
É pai de mesa, é curandor

Kimbanda = *curandeiro, mágico (dicionário de kimbundu-português coordenado por J. D. Cordeiro da Matta). No ponto transcrito e que era cantado por Pai Antônio, manifestado em Zélio Fernandino de Moraes, a entidade de luz refere-se a si mesma como "quimbanda"*

A primeira manifestação do Caboclo das Sete Encruzilhadas, no médium Zélio Fernandino de Moraes, um jovem de 17 anos à época, no dia 15 de novembro de 1908, num centro espírita pertencente à Federação Espírita do Rio de Janeiro, foi marcada pela quebra de regras estabelecidas e certo enfrentamento. O Caboclo, incorporado em Zélio, que estava sentado à mesa, levanta-se e diz que está faltando uma flor no lugar. Ele caminha e vai até o jardim, apanha uma rosa branca e coloca-a no centro da mesa na qual se realizavam os trabalhos mediúnicos da noite.

Temos nesta ação do Caboclo uma clara ruptura com o estabelecido e consagrado como diretriz de conduta. O "levante" ocorreu na penumbra da sala, pois as atividades eram à meia-luz, o que, em muitos aspectos, significava a frieza e o formalismo catequista dos doutrinadores espíritas do início do século passado; intelectuais estudiosos, zelosos da pureza doutrinária e austeros com relação a possíveis manifestações de espíritos menos evoluídos. O que sobrava de racionalismo e impessoalidade faltava em amorosidade incondicional às diferentes origens de irmãos que se apresentavam do além-túmulo nas lides espiritistas. Não por acaso, a rosa branca representa a pureza, a inocência, e pode ser associada com as grandes uniões e os novos começos. Essa rosa é também símbolo de honra, reverência, respeito, esperança, paz e espiritualidade.

A contrariedade do Caboclo das Sete Encruzilhadas inicia uma cisma que culminou com a fundação da Umbanda. Advertido pelo dirigente dos trabalhos sobre a sua procedência, disse-lhe em audíveis e fortes palavras:

"Deus, em sua infinita bondade, estabeleceu na morte o grande nivelador universal; rico ou pobre, poderoso ou humilde, todos se tornariam iguais na morte; mas vocês, homens preconceituosos, não contentes, estabelecem diferenças até mesmo além da barreira da morte. Por que não podem nos visitar esses humildes trabalhadores do espaço, se, apesar de não haverem sido pessoas socialmente importantes na Terra, também trazem importantes mensagens do Além? Se julgam atrasados espíritos de pretos e índios, devo dizer que amanhã estarei na casa deste aparelho para dar início a um culto em que estes pretos e índios poderão dar a sua mensagem e, assim, cumprir a missão que o Plano Espiritual lhes confiou. Será uma religião que falará aos humildes, simbolizando a igualdade que deve existir entre todos os irmãos, encarnados e desencarnados. E se querem saber meu nome, que seja este: Caboclo das Sete Encruzilhadas, porque não haverá caminhos fechados para mim".

Das palavras iniciais do Caboclo das Sete Encruzilhadas entende-se que a Umbanda tem um caráter múltiplo e diverso enquanto religião em estruturação, eminentemente de inclusão espiritual heterogênica (une os diferentes), nunca de exclusão, buscando um controle hegemônico (supremacia). Ou seja, traz para o centro do seu culto religioso a periferia desconsiderada pela sociedade dominante dita evoluída – os espíritos de pretos e índios "atrasados", que não tinham espaço de manifestação mediúnica como espíritos benfeitores no espiritismo, notadamente eurocêntrico. A doutrina nascente fala aos humildes (excluídos), reforçando a igualdade que deve existir entre todos os indivíduos do Cosmo, sejam encarnados ou desencarnados.

Desde os idos de novembro de 1908, quando, numa sessão de "mesa branca", foi anunciado o surgimento da nova religião, ela já nasceu envolta por ambiente polêmico, pois anunciava um trabalho com a pluralidade. De forma muito sintetizada, podemos dizer que a Umbanda surgiu para dar "voz" aos espíritos "marginalizados" pela senda espírita, tão "bem" frequentada pelos doutores, advogados e intelectuais do Astral superior. Por sua vez, a Umbanda aceitaria a manifestação mediúnica de espíritos "inferiores" que, quando encarnados, não pertenceram aos grupos dominantes de nossa sociedade capitalista, a saber, os negros e os indígenas, realizando uma revolução na estrutura socioespiritual vigente naquele contexto histórico.

É interessante observar que até os dias de hoje a Umbanda é altamente inclusiva ao tratar de espíritos discriminados em outras searas espiritualistas. Não por acaso, na atualidade dos terreiros, escutamos o riso fácil das bombogiras, a gargalhada dos exus, a matreirice dos baianos, a força dos boiadeiros, a alegria dos ciganos, a circunspecção dos orientais, a peraltice das crianças...

Quando analisamos o histórico da Umbanda, inicialmente, ela não constituiria uma nova religião, pois poderia se manifestar como uma linha de trabalho dentro do espiritismo, não fosse o preconceito das pessoas. Mas, tendo sido classificado como um espírito inferior na mesa kardecista, o Caboclo das Sete Encruzilhadas anunciou que, a partir daquele momento, seria instituído um novo culto no Brasil.

O ritual estabelecido pelo Caboclo das Sete Encruzilhadas era bem simples: cânticos baixos e harmoniosos – sem utilizar atabaques e palmas –, vestimenta branca e proibição de sacrifícios de animais. Capacetes, espadas, cocares, vestimentas de cor, rendas e lamês não eram aceitos. As guias usadas eram apenas as determinadas pela entidade que se manifestava. Os banhos de ervas, os amacis, a concentração nos ambientes vibratórios da natureza e o ensinamento doutrinário com base no Evangelho constituíam os principais elementos de preparação do médium. Tudo muito simples, sem grandes estímulos aos sentidos objetivos, e em sintonia com os planos psíquicos internos.

Por levar em consideração a diversidade, a Umbanda não apresentou uma codificação que unificasse a sua ritualística, portanto, podemos perceber a diversidade de rituais dentro do movimento umbandista. Assim, cada Tenda de Umbanda apresenta sua forma de culto, que está intimamente ligada ao guia-chefe e à personalidade do dirigente da Casa, sua ancestralidade e compromisso ético e cármico-espiritual. Daí, adotando uma postura inclusiva, podemos dizer que, dentro da egrégora umbandista, encontramos diversas manifestações da Umbanda, ou seja, a Umbanda tem diversas "umbandas" contidas nela mesma. Paradoxalmente, de difícil compreensão para as mentes ortodoxas das religiões de um único profeta revelador da verdade divina, cada "umbanda" alcança o nível de consciência de seus integrantes e consulentes em conformidade com o contexto social em que está inserida.

Acredito que seja justamente por apresentar esta proposta de trabalhar com a diversidade que a Umbanda consegue arrastar uma multidão de pessoas, pois fala diretamente ao coração, sem, para isso, fazer uso de códigos únicos ou dogmas pétreos. Na simplicidade e na habilidade de seus trabalhadores espirituais, a Umbanda toca a alma das pessoas.

Infelizmente, apesar de muitos serem chamados, poucos conseguem atravessar os portais internos da autoiniciação que ela propicia aos seus adeptos. A grande maioria se deixa enraizar no culto das formas ilusórias, priorizando seu aspecto esotérico, externo, por vezes valorizando a estética exageradamente folclorizada em danças e vestimentas vistosas, fugindo da essência do que verdadeiramente é a Umbanda. Deixemos claro que nada temos contra o movimento corporal durante os transes ou estados alterados de consciência, comuns nas hostes umbandistas, até porque não nos cabe julgar, cada qual apresenta um papel a cumprir no processo de melhoramento planetário.

Acreditamos que são válidas as palavras do Caboclo das Sete Encruzilhadas e todos que querem conhecer e/ou seguir a Umbanda as devem ter bem nítidas: "Com os espíritos mais evoluídos, aprenderemos. Aos espíritos menos evoluídos, ensinaremos. E a nenhum espírito renegaremos".

Tais palavras precisam ser tema de constantes reflexões e meditações para que possamos alcançar seu teor espiritual. E todos, dentro de seus limites e transcendência, devem ser considerados, e nunca discriminados. Muitos lutam para ser respeitados, e continuarão lutando, pois o respeito é alcançado à medida que exercitamos o amor ao próximo.

Eduquemo-nos para enxergar no outro um ser sagrado, filho de Deus como nós o somos, com as mesmas potencialidades cósmicas, independentemente de aparências físicas transitórias; raça, confissão religiosa, condição econômica... Assim despertaremos nossa Consciência Universal, objetivo esotérico da Umbanda, que, através da diversidade dos fenômenos, procura adentrar a essência que habita em nós, a centelha divina que nos faz unidade com o Criador – o "vós sois deuses" ao qual se referiu Jesus. O ser que se universaliza, se abre para o diferente, desenvolve alteridade, maturidade emocional e resiliência, ama desinteressadamente, eleva-se pelo esforço próprio de melhoramento do seu caráter, caminha com igualdade e fraternidade entre os seus semelhantes, independentemente de quem sejam ou de suas procedências. O não julgar o próximo é inerente ao estado psíquico alimentado pela oferenda, que é o culto interno de veneração à divindade; prepondera em seu coração o sentimento de humildade, sabe da sua falibilidade como criatura imersa na execução do propósito da vida humana, é comprometido com a verdade e tem seu Ori – mônada interna – fortalecido por mérito de suas obras, pela conquista individual que o melhoramento do seu caráter propiciou.

Os caminhos de Ogum e as encruzilhadas de Exu nos idos da Umbanda

Quando o Caboclo das Sete Encruzilhadas profetizou que, para ele, "não haverá caminhos fechados", utilizou-se dos atributos divinos com poderes de realização de dois Orixás, a saber: Exu e Ogum.

É notória a relação estabelecida entre os caminhos e as encruzilhadas. Ogum é o Orixá dos caminhos, mas é Exu que abre e fecha as encruzilhadas. Então, o mito fundante da Umbanda tem a personagem principal, o Caboclo das Sete Encruzilhadas, como uma entidade que assimila as forças de concretização do projeto da religião nascente nestes dois Orixás, que vão à frente, literalmente tirando os obstáculos do percurso.

O nome adotado pelo espírito responsável por viabilizar a nova religião para a humanidade esclarece a própria formação do imaginário umbandista, que se apresenta como sete encruzilhadas, onde se encontrarão várias tradições e saberes; catolicismo, espiritismo, religiões tradicionais africanas, pajelança indígena, esoterismo e os novos cultos da diáspora amalgamados com as práticas mágicas populares, dando abertura ainda para influências esotéricas das mais diversificadas origens. Sem dúvida, este encontro de caminhos que se cruzam produziu a fermentação do "bolo", que não parou por aí. Ocorre que a Umbanda é atualíssima, se renova e agrega novas tradições a cada dia, como o hinduísmo, o islamismo e até o próprio Santo Daime, entre outras.

Pai Antônio, o primeiro preto velho da Umbanda

No dia seguinte à primeira manifestação do Caboclo das Sete Encruzilhadas, na casa de Zélio, aconteceu o primeiro rito propriamente dito de Umbanda. Complementa os seus dizeres o Caboclo, incorporado em Zélio, reafirmando o caráter diverso, plural, de constante reelaboração e de inclusão da religião nascente. Podemos inferir que se iniciava um novo culto, para que espíritos de africanos, entre outros, encontrassem um campo de ação propício, dado que nos rituais remanescentes, deturpados e direcionados para a feitiçaria, não estariam mais conectados com suas ancestralidades. Ou seja, a Umbanda é "parida" para oportunizar trabalho e uma solução de continuidade a saberes que vieram de África, distorcidos no Brasil durante o processo da diáspora, intensificado especialmente após a "libertação" dos escravos, que tiveram que mercantilizar o axé – força vital – dos seus Orixás, Inquices e Voduns para sobreviverem.

Neste sentido, é emblemático o ponto cantado por Pai Antônio, transcrito na abertura deste capítulo, quando da sua primeira incorporação em Zélio de Moraes, no primeiro rito conduzido pelo Caboclo das Sete Encruzilhadas após o episódio do dia anterior na sede da Federação Espírita de Niterói. Em verdade, Pai Antônio é o primeiro preto velho a se manifestar na Umbanda. Dizem os mais antigos que ele foi o Marquês de Pombal, português, ferrenho inimigo do Frei Gabriel Malagrida, que, o tendo entregado para a Inquisição, retorna em missão no Brasil para se retificar perante as Leis Divinas. Como é sabido, antes de sua encarnação como índio brasileiro, o Caboclo das Sete Encruzilhadas foi o Jesuíta Gabriel Malagrida (ver Adendo 2 ao final do capítulo).

Enquanto Frei Gabriel Malagrida reencarna no Brasil como um silvícola, se fortalecendo para a missão hercúlea de fundar a Umbanda e, ao mesmo tempo, desfrutar de uma existência lúdica e feliz para descansar das agruras sofridas na Inquisição portuguesa, o Marquês de Pombal renasce em África imerso na ancestralidade bantu – Angola –, e acaba vindo para o Brasil como escravo. Anos depois, desencarna ao sentar em uma árvore para descansar, pois, já velho e com pouca força para as lides braçais, alquebrado e fraco, cochila e não acorda mais. Após essa existência, assume compromisso com os maiorais da Umbanda e aceita ser Pai Antônio, o preto velho que acompanharia o Caboclo das Sete Encruzilhadas e Zélio de Moraes até o fim de sua estada terrena.

Pai Antônio, em sua primeira manifestação, se intitula um "quimbanda" curador. Originalmente, a palavra é *kimbanda,* da língua kimbundo, falada em Angola, que significa curandeiro mágico ou feiticeiro curador. Então, historicamente, o primeiro africano que se apresenta como preto velho na Umbanda é de origem bantu e forma, com o Caboclo das Sete Encruzilhadas e o Orixá Mallet, espírito da vibração de Ogum, a tríade de entidades missionárias que vibravam no Ori de Zélio de Moraes; a ancestralidade do índio brasileiro, do(s) africano(s) angola e nagô (iorubá) "mescladas" com o espiritismo e o catolicismo, dão a fermentação inicial à "massa" umbandista em formação, impulsionando-a para que ela crescesse e se expandisse em solo brasileiro, o que efetivamente aconteceu.

A construção identitária da Umbanda e o *continuum* religioso"

Na Umbanda, não existe uma padronização ritualística ou uma mitologia predominante. Há, sim, diversas formas de se praticar e vivenciar o culto religioso. Cada terreiro dispõe e combina, à sua maneira, elementos de uma rica pluralidade de origens ancestrais e de tradições variadas. Não se estabelecem limites na capacidade do umbandista reinterpretar, modificar, reelaborar, absorver e dialogar com todos os saberes, num vasto campo "fluído" e "poroso" de reconstruções simbólicas, teológicas e rito-litúrgicas de amplas significações.

Paradoxalmente, constrói-se uma "linha" de continuidade religiosa em inúmeras modalidades combinatórias; umas mais próximas do espiritismo ou dos "espiritólicos" (espíritas católicos), outras mais afins com as origens africanas, caracterizando dois extremos com muitos pontos de intersecção, mas inexoravelmente todos ligados por uma identidade – todas as "umbandas" são Umbanda –, mesmo que algumas estejam mais distantes do núcleo fundante, e outras, mais semelhantes aos ritos iniciais elaborados pelo Caboclo das Sete Encruzilhadas.

Constatamos que a estruturação da Umbanda é aberta, inclusiva, não sectária e com múltiplos parâmetros constitutivos, desde o primeiro culto em Niterói no início do século passado, com diversas influências religiosas que compõem um rico mosaico de práticas nos terreiros da atualidade. Como se fosse uma grande rede, na qual várias linhas se entrelaçam, podendo dar origem a inúmeras combinações, mas sempre em conformidade com a linhagem iniciática de cada agrupamento (nós), todos possuem características semelhantes, que os definem como sendo Umbanda.

Em verdade, a Umbanda é um sistema aberto em construção, aos quais as diversas interpolações teológicas se misturam, todavia ressignificadas, reinterpretadas e reelaboradas no tempo, variando de terreiro a terreiro, de sacerdote a sacerdote, de espírito-guia a espírito-guia, cimentando a identidade plural e múltipla de uma religião absolutamente complexa, mas que, em essência, continua falando aos humildes e excluídos, se comunicando e instruindo os simples em espírito, aqueles que são simpáticos à sua mensagem libertadora de amarras doutrinárias e dogmas imexíveis.

Concluindo este capítulo, observemos que a própria literatura disponível que versa sobre Umbanda evidencia a multiplicidade umbandista. Cada autor/sacerdote/escritor apresenta uma visão diferente, mas todos têm aspectos em comum, que os identificam como sendo "de Umbanda".

A consciência coletiva dos adeptos umbandistas, o senso comum que está prevalecendo, espera esta igualdade nas diferenças entre suas lideranças, o que só reflete a diversidade de opiniões dos espíritos do lado de lá, que os assistem nos seus terreiros de origem. Inexoravelmente, essa é a grande força da Umbanda.

●●●

ADENDO 1: A Umbanda tem história – o "nascimento" da religião genuinamente brasileira no alvorecer da República ou o mito fundador como origem

Zélio Fernandino de Moraes nasceu em 1891, no município de São Gonçalo, Rio de Janeiro. Aos 17 anos, quando se preparava para ingressar nas Forças Armadas, começou a falar de uma forma estranha, em tom manso e sotaque diferente, semelhante a um senhor de bastante idade. A família desconfiou que era algum tipo de distúrbio mental e o encaminhou a um tio psiquiatra. No entanto, não foram encontrados os sintomas de Zélio em nenhuma literatura médica, até que seu tio sugeriu à família que o encaminhasse a um padre, para que fosse feito um ritual de exorcismo. Procuraram, então, um padre da família, que, após fazer o tal ritual de exorcismo, não conseguiu nenhum resultado. De repente, Zélio foi acometido por uma estranha paralisia, para a qual os médicos não conseguiram encontrar a cura. Até que, num ato surpreendente, ele levantou do leito e afirmou: "Amanhã estarei curado". Ao ser levado pela mãe a uma curandeira, Zélio ouviu que tinha o dom da mediunidade, e que deveria trabalhar pela caridade. Seu pai, apesar de não frequentar nenhum centro espírita, era um leitor assíduo das obras de Allan Kardec e adepto do espiritismo.

Foi quando, no dia 15 de novembro de 1908, por sugestão de um amigo de seu pai, Zélio foi levado à Federação Espírita de Niterói. Chegando lá, foi convidado a sentar-se à mesa. Em seguida, contrariando as normas do culto realizado, Zélio levantou-se e disse que ali faltava uma flor. Foi até o jardim, apanhou uma rosa branca e colocou-a no centro da mesa na qual se realizava o trabalho. Iniciou-se, então, uma estranha confusão no local, ele e outros médiuns começaram a apresentar incorporações de caboclos e pretos velhos. Ao ser advertida, a entidade incorporada no rapaz perguntou por qual motivo as mensagens de pretos e índios eram repelidas. O médium vidente perguntou por que a entidade falava como um índio, de cultura claramente atrasada, já que estava enxergando vestes jesuítas e uma aura de luz. Ele respondeu: "Se julgam atrasados espíritos de pretos e índios, devo dizer que amanhã estarei na casa deste aparelho, para dar início a um culto em que estes pretos e índios poderão dar a sua mensagem e, assim, cumprir a missão que o Plano Espiritual lhes confiou. Será uma religião que falará aos humildes, simbolizando a igualdade que deve existir entre todos os irmãos, encarnados e desencarnados. E se querem saber meu nome, que seja este: Caboclo das Sete Encruzilhadas, porque não haverá caminhos fechados para mim". Afirmou também que tinha sido um padre jesuíta em Portugal, por isso o vidente enxergava tais vestes, mas, na última encarnação, tinha vivido com um caboclo brasileiro. No outro dia, na casa de Zélio, sob os olhares de membros da Federação Espírita de Niterói, parentes, amigos e uma multidão de curiosos, o Caboclo das Sete Encruzilhadas "desceu" e usou as seguintes palavras:

"Aqui inicia um novo culto, em que os espíritos de pretos africanos, que haviam sido escravos e que, ao desencarnar, não encontram campo de ação nos remanescentes das seitas negras, já deturpadas e dirigidas quase que exclusivamente para os trabalhos de feitiçaria, e os índios nativos da nossa terra poderão trabalhar em benefício dos seus irmãos encarnados, qualquer que seja a cor, raça, credo ou posição social. A prática da caridade no sentido do amor fraterno será a característica principal deste culto, que tem base no Evangelho de Jesus e, como mestre supremo, Cristo."

A entidade também disse que os participantes deveriam estar vestidos de branco e o atendimento a todos seria gratuito. Disse também que estava nascendo uma nova religião e que se chamaria Umbanda.

Neste mesmo dia, Zélio incorporou um preto velho chamado Pai Antônio, que, em poucas palavras, mostrou sabedoria e humildade. Foi também Pai Antônio que solicitou os primeiros elementos de trabalho da religião: o tabaco e uma guia. No outro dia, formou verdadeira romaria em frente à casa da família Moraes. Cegos, paralíticos e médiuns que eram dados como loucos foram curados. A partir desses fatos, descobriu-se a Corrente Astral de Umbanda na atualidade.

•••

ADENDO 2: Frei Gabriel Malagrida – o jesuíta (Caboclo das Sete Encruzilhadas)

No ano de 1689, às margens do rio Como, na vila de Monagio, nascia um menino, que recebeu o nome de Gabriel Malagrida.

Gabriel (significa "as vozes harmoniosas de Deus"), mais tarde, identificou-se como Caboclo das Sete Encruzilhadas, o responsável pelo surgimento da Umbanda.

Desde cedo, Gabriel demonstrou tendências místicas. Entrou para o seminário de Milão, onde foi ordenado, e professou na Companhia de Jesus, em 1711. Gabriel desejava cumprir sua missão no Brasil, porém Tamborini, o Geral da Companhia de Jesus, havia lhe reservado a cadeira de Humanidades no Colégio de Bastis, na Córsega. Mais tarde, conseguiu se transferir para Lisboa em 1721, de onde, depois de algum tempo, conseguiu embarcar para o Maranhão.

Nessas terras, Gabriel pregou, internando-se no sertão, enfrentando sérios perigos e vencendo com a fibra de quem se julgava destinado a cumprir uma missão superior no planeta, uma missão de conquistar almas para o Céu. Apresentava evidentes sintomas mediúnicos, ouvindo vozes misteriosas, e chegou mesmo a pensar que operava milagres.

Em 1727, começou a árdua tarefa de catequizar os índios no Maranhão, conseguindo, nessa mesma ocasião, amansar a feroz tribo de Barbassos. Fundou, no Maranhão, uma missão que teve grande desenvolvimento, sustentando uma peregrinação apostólica. Foi, em seguida, em 1730, para a Bahia e o Rio de Janeiro, onde continuou a pregar, alcançando grande ascendência sobre os índios.

Apareceu, então, convertido no apóstolo do Brasil. Dizia que conversava com Deus e que lhe aparecia a Virgem Maria, e, para completar seus feitos, descrevia os milagres que operava.

Em 1749, partiu para Lisboa, onde foi recebido com fama de santo por muitos fiéis. Nessa época, Dom João V se encontrava muito doente, e Gabriel, a seu pedido, o assistiu nos seus últimos momentos.

Em 1751, retornou ao Brasil, onde ficou até 1754, ano em que foi chamado a Lisboa pela rainha, Dona Mariana da Áustria. Encontrou no poder Sebastião José, o terrível Marquês de Pombal, que não permitiu sua presença por muito tempo junto à rainha. Por esse motivo, Gabriel se isolou durante um período em Setúbal.

No dia 1º de novembro de 1755, Lisboa foi destruída por um terremoto. Correu o boato que a catástrofe era castigo do Céu. Pombal mandou publicar um folheto escrito por um padre, explicando o fenômeno e as causas naturais que o determinaram. Gabriel apareceu em público com um pequeno livro, procurando corrigir o teor da publicação. Nesse opúsculo Gabriel afirmava que o terremoto era verdadeiramente um castigo do Céu. Pombal, enfurecido, mandou queimar o opúsculo e desterrou Gabriel para Setúbal. Em setembro de 1758, ocorreu um atentado contra a vida de Dom José. Algumas semanas antes, Gabriel havia escrito uma carta ameaçadora ao Marquês de Pombal. Gabriel foi preso em 11 de dezembro como responsável pelo atentado e encarcerado nas prisões do Estado. Pombal vasculhou seus livros e, nessa oportunidade, lhe atribuiu passagens que pareciam pouco ortodoxas. Após isso, entregou-o à Inquisição. Gabriel foi condenado à pena de garrote e fogueira, sendo executado na Praça do Rossio em 21 de setembro de 1761.

Gostaríamos de esclarecer que os itens básicos destes relatos, adendos 1 e 2, foram fornecidos pelo próprio Caboclo das Sete Encruzilhadas a Lilia Ribeiro, frequentadora da Tenda Nossa Senhora da Piedade, e hoje são de domínio público.

Uma comprovação deste último pode ser encontrada na Biblioteca de Amsterdã, onde existe uma cópia do famoso processo aberto contra o Frei, traduzida da edição de Lisboa. Nesse processo, pode-se ler que Gabriel foi acusado de feitiçaria e de manter pacto com o Diabo, que lhe havia revelado o futuro.

Para finalizar, podemos citar que Gabriel Malagrida reencarnou no Brasil (talvez para se refazer da árdua encarnação como jesuíta), se preparando para a importante missão que lhe estava reservada dentro do Movimento Umbandista no século XX como Caboclo das Sete Encruzilhadas.

Quando o Caboclo baixou na Federação Espírita, fizeram-se muitas indagações.

Em uma delas, o vidente teria perguntado se não bastariam as religiões já existentes, fazendo menção ao espiritismo. O Caboclo respondeu:

"Deus, em sua infinita bondade estabeleceu na morte o grande nivelador universal; rico ou pobre, poderoso ou humilde, todos se tornariam iguais na morte; mas vocês, homens preconceituosos, não contentes, estabelecem diferenças até mesmo além da barreira da morte. Por que não podem nos visitar esses humildes trabalhadores do espaço se, apesar de não haverem sido pessoas socialmente importantes na Terra, também trazem importantes mensagens do Além?"

Ao final o vidente perguntou: *Pensa o irmão que alguém irá assistir ao seu culto?* O Caboclo respondeu: *"Cada colina de Niterói atuará como porta-voz anunciando o culto que amanhã iniciarei."*

As Sete Tendas fundadas pelo Caboclo das Sete Encruzilhadas:

1 – Tenda Nossa Sra. da Guia – Durval de Souza – Rua Camerino, 59 – RJ

2 – Tenda Nossa Sra da Conceição – Leal de Souza

3 – Tenda Santa Bárbara – João Aguiar

4 – Tenda São Pedro – José Meireles

5 – Tenda Oxalá – Paulo Lavois – Av. Presidente Vargas, 2.567

6 – Tenda São Jorge – João Severino Ramos – Rua Dom Gerard, 45

7 – Tenda São Jerônimo – José Alvares Pessoa (Capitão Pessoa) – Rua Visconde de Itaboraí, 8 – RJ

Chegou! Chegou!
Chegou... com Deus...

Chegou! Chegou!
O Caboclo das 7 Encruzilhadas!

Já clareou lá no céu
Iluminou o congá
Aí vem o nosso chefe
Foi Ogum quem enviou
Caboclo das Sete Encruzilhadas
De Oxalá traz a bênção
Ele traz para seus filhos
A divina proteção!

Eles são 3 caboclos... Caboclos do Jacutá!
Eles giram noite e dia até o dia clarear!
7 com mais 7, com mais 7 vinte e um
Salvamos os 3 setes, todos 3 de um a um.
7 Montanhas gira quando a noite lá chegar,
Seu irmão 7 Lagoas quando o dia clarear,
E ao romper da aurora até a alta madrugada
Gira o Caboclo das 7 Encruzilhadas

Ovelhas abnegadas
Do Rosário de Maria
Salve Sete Encruzilhadas
Salve a Estrela Guia!

Sua aldeia estava em festa...
Sua taba toda iluminada...
Saravá o Rei da Umbanda!
Salve Sete Encruzilhadas!

2

RAÍZES DO CULTO
AOS ORIXÁS

Tenho verificado que o pior preconceito é o velado, o dissimulado, aquele que não se mostra. Por dentro da Umbanda, sendo o que vivencio e sobre o qual posso falar, ainda existe, sim, muito preconceito. Há os que ainda preconizam uma Umbanda "pura", e o esforço de busca desta pseudopureza doutrinária é proporcional à exclusão de tudo que remete à África. Vale ressaltar que as inteligências intelectuais históricas da Umbanda criaram Orixás "novos", foram buscar nos Vedas e nas escrituras hebraicas – Cabala – referências para explicar as raízes do culto aos Orixás, desprezando a rica etnografia africana, especificamente nagô iorubana.

Tivemos um marcante e histórico recorte etnográfico inicial com o trabalho de Nina Rodrigues, no início do século passado, *O animismo fetichista dos negros baianos*. Embora preconceituosa, pois absorve o conceito de superioridade de raças vigente na Europa e decorrente do iluminismo francês – no qual, por sinal, o próprio Allan Kardec buscou inspiração tendo escrito um artigo a respeito na revista espírita *A imperfectibilidade da raça negra* –, a pesquisa de campo de Nina Rodrigues é o marco inicial do estudo antropológico das religiões africanas no Brasil. O artigo de Kardec diz que os espíritos atrasados reencarnariam em corpos africanos e chineses

– uma "mancada" pessoal do autor, influenciado pelo racionalismo científico vigente na Europa da época, o que não foi abalizado pelos espíritos na codificação e, assim, não desmerece sua importante obra.

No Brasil, conforme Nina Rodrigues em seu segundo estudo etnográfico, *Os africanos no Brasil*, o culto foi "unificado" e centralizado num mesmo espaço sagrado. Ou seja, os Orixás principais são cultuados num mesmo espaço e tempo, num mesmo rito, que é único por não existir igual na África. Todavia, a descentralização de poder, em que cada sacerdote é totalmente independente, causou um enfraquecimento ético e moral em muitos casos, especialmente logo após a abolição da escravatura, conforme o autor. Assim, tivemos uma prevalência da rica cosmogonia nagô iorubana.

Quando falamos em Orixás, bebemos inexoravelmente nessa fonte. Mesmo com todas as absorções e reinterpretações que ocorreram na diáspora africana no Brasil, o culto aos Orixás se mantém vivo e pujante em nossa pátria como em nenhuma outra no planeta.

Há que se considerar que, originalmente, o culto aos Orixás era "fragmentado"; cada cidade ou comunidade cultuava um Orixá. Havia um poder central organizador e disciplinador, uma confraria – espécie de maçonaria – de babalaôs, que ordenava e "fiscalizava" os aspectos éticos e morais do culto.

Acredito fielmente que, na atualidade, estejamos vivenciando um forte impulso de retomada ética e moral do culto aos Orixás no Brasil. Independentemente da denominação religiosa e de diferenças rituais, observo um crescimento da ética – Sabedoria de Ifá – dos antigos babalaôs, que robustece a religiosidade com os Orixás.

Sem dúvida, o Brasil é o maior país "africano" de culto aos Orixás, pois, em terras africanas, os muçulmanos e católicos o reduziram significativamente, num processo de aculturação e domínio catequista perverso. Infelizmente, temos muito ainda a melhorar no tocante ao preconceito, pois sabemos que é muito forte ainda o ideal de raça superior, que está impregnado no imaginário coletivo a ponto de idealizarmos raças extraterrestres evoluídas, brancas, de cabelos loiros e olhos azuis.

Devemos refletir sobre as raízes de origem do culto aos Orixás, independente de denominações religiosas.

Esta singela obra, ***AS FLORES DE OBALUAÊ – o poder curativo dos Orixás***, traz nuanças "inéditas" do terreiro como núcleo promotor de saúde sob a perspectiva da psicologia ancestral dos velhos babalaôs, correlacionando-a com os poderes volitivos dos Orixás sob a visão da Umbanda. As reelaborações de ritos e liturgias, tão comuns nos templos umbandistas, não alteram a essência que vem dos Orixás. A forma como interagimos com o sagrado ancestral não modifica os poderes de realização de cada divindade, forças que são "raios" do próprio Deus, que se diferenciam d'Ele para auxiliar a realização do propósito da vida humana. É preciso compreender o processo de empoderamento dos devotos que invocam o poder de realização dos Orixás, que se dá preponderantemente pela fé, caráter elevado, ética e intenção benfeitora em favor da coletividade, independente de confissões religiosas e de como são cultuados nos diversos ritos planetários, de forma que a devoção aos Orixás se universalizou.

A Umbanda tem fundamento, mas é preciso cada vez mais estudá-la em sua multifacetada origem, rompendo os limites estreitos dos tabus e dogmas que impõem verdades hegemônicas. O que apressadamente é visto como antigo e "primitivo" aos olhos superiores de certos espiritualistas modernos, trata-se de saberes metafísicos contidos em uma rica e pujante mitologia, hoje comprovados pela física quântica, notadamente nos aspectos energéticos da estrutura humana e do Cosmo. Conceitos como "Massa Genitora Divina" ou "Protoplasma Criador", tão comuns na fé dos antigos Pais de Segredo, mas com outras denominações peculiares às suas tradições, hoje são comuns entre os cientistas mais arrojados, que os denominam "Matriz Divina" ou "Códigos de Deus".

3

O CULTO AOS ORIXÁS NOS TERREIROS COMO PROMOTORES DE SAÚDE

Assim diz o mito: Oxalá cria a Terra.

No começo, o mundo era todo pantanoso e cheio d'água, um lugar inóspito, sem nenhuma serventia. Acima dele havia o céu, onde viviam Olorum e todos os Orixás, que, às vezes, desciam por teias de aranha penduradas no vazio para brincar nos pântanos insalubres.

Ainda não havia terra firme, nem o homem existia.

Um dia, Olorum chamou à sua presença Oxalá, o Grande Orixá. Disse-lhe que queria criar terra firme lá embaixo e pediu-lhe que realizasse tal tarefa. Para a missão, deu-lhe uma concha marinha com terra, uma pomba e uma galinha com pé de 5 dedos.

Oxalá desceu ao pântano e depositou a terra da concha. Sobre a terra, pôs a pomba e a galinha e ambas começaram a ciscar. Foram assim espalhando a terra que viera na concha, até que terra firme se formou por toda parte.

Oxalá voltou a Olorum e relatou-lhe o sucedido. Olorum enviou um camaleão para inspecionar a obra de Oxalá e ele não pôde andar sobre o solo, que ainda não era firme. O camaleão voltou dizendo que a Terra era ampla, mas ainda não suficientemente seca.

Numa segunda viagem, o camaleão trouxe a notícia de que a Terra era ampla e suficientemente sólida, podendo-se agora viver em sua superfície. O lugar mais tarde foi chamado de Ifé, que quer dizer "ampla morada".

Depois, Olorum mandou Oxalá de volta à Terra para plantar árvores e dar alimentos e riqueza ao homem.

E veio a chuva para regar as árvores.

Foi assim que tudo começou.

Foi ali, em Ifé, durante uma semana e quatro dias, que Oxalá criou o mundo e tudo o que existe nele.

●●●

Os Orixás são agrupados por panteões que refletem suas qualidades e características. Por sua vez, esses aspectos se relacionam com os emblemas litúrgicos utilizados nos rituais que revivem os mitos. A reelaboração destes emblemas – símbolos – na Umbanda não altera o atributo divino de cada Orixá.

Obviamente, a "religação" com o Sagrado, seja ele qual for, entendendo Deus como único – monoteísmo –, é um ato interno de cada indivíduo, liberto de formas exteriores. Mudam-se os símbolos nas diversas "umbandas", mas os simbolizados permanecem inalterados com os seus significados. As reinterpretações feitas num contexto atual servem para maior e melhor compreensão à luz da consciência coletiva vigente.

Uma tradição permanece viva se cultuada, e, para isso, requer constantes reelaborações rituais e o registro etnográfico – escrito. A história demonstra que as culturas ágrafas – sem escrita – enfraqueceram e sumiram ao longo da existência humana no planeta. Até o presente momento, o hábito da oralidade, comum na transmissão de saberes nos terreiros, está unido a uma vasta literatura da religião, notadamente no meio acadêmico. Na origem, em Nigéria (antigo Benin) hoje são minorias, dominados por religiões do livro (católicos e muçulmanos), com uma população majoritariamente aculturada e enfraquecida na sua ancestralidade, que por vezes é negada diante da nova e dominante confissão religiosa. Aliás, graças aos antropólogos europeus das religiões, foi possível o registro escrito da rica sabedoria de Ifá, declarada patrimônio universal da humanidade pela Unesco, base da religião tradicional dos Orixás. Assim, os panteões dos Orixás permanecem vivos e pujantes no Brasil, com todas as adaptações, hibridismos e interpolações teológicas havidas na diáspora africana, inclusive por dentro das "umbandas".

Então, podemos afirmar que os panteões dos Orixás estão agrupados por culto à terra – Nanã, Obaluaê e Oxumaré às árvores, folhas – Ossanha; aos caçadores – Oxossi e Ogum; às águas – Iemanjá e Oxum; ao fogo – Xangô e Exu; e, por fim, o Orixá ligado à criação, chamado Funfun ou do manto branco – Oxalá.

Temos que entender que esta classificação não é rígida. Na Umbanda, Nanã está ligada à água, como a mais velha das Iabás – Mães Rainhas. Na África, este nome é dado aos Orixás femininos Iemanjá e Oxum, mas, no Brasil, se popularizou e é utilizado para definir todos os Orixás. O termo Iabá, como já mencionado anteriormente, refere-se comumente a Oxum e Iemanjá porque ambas estão intimamente ligadas à concepção, gestação e ao nascimento. Ele é especificamente atribuído a Nanã por ela ser o "ventre", mãe de todas as gerações, pois, segundo os mitos da criação, ela forneceu o barro primevo para Oxalá "fabricar" os corpos humanos.

Nanã é a mais velha dos Orixás do panteão da terra e é qualificada na mitologia como "mãe" de Obaluaê. O nome de Obaluaê vem de Oba-Oluwô-Aiyê, que significa "Rei Senhor da Terra". A nobreza deste Orixá não estaria ligada somente ao elemento terra ou ao planeta que habitamos, mas se estende a todos os demais Orixás e entidades que se manifestam, respectivamente, nas forças da natureza e através do transe ritual nos diversos terreiros. Ou seja, a palavra Aiyê significa "mundo", ficando claro que Obaluaê é rei de todos os Orixás do mundo, em qualquer lugar que se encontrem manifestados no orbe.

O emblema de Obaluaê denomina-se Xaxará. É utilizado para curar as enfermidades e "varrer" as impurezas e males sobrenaturais. Os enviados deste Orixá – espíritos –, quando se manifestam nos terreiros de Umbanda, "dançam" curvados, fazendo movimentos de limpeza com o Xaxará, quase como se fosse uma "vassoura", tal qual estivessem varrendo os perigos e enfermidades.

Obaluaê é o grande Orixá de cura na Umbanda e nos remete à misericórdia e compaixão de Jesus para com os leprosos. Podemos inferir que todos nós, encarnados num corpo físico transitório, somos doentes da alma e carentes de amparo do Alto.

Somos simpáticos à cosmogonia iorubana, base da religiosidade com os Orixás. Embora infelizmente ainda existam fortes preconceitos quanto à origem africana da Umbanda – não é a única. Caem em grave equívoco os que consideram esta cosmovisão dispensável. Já temos ampla comprovação de que esse saber, conceitualmente, não difere dos últimos descobrimentos das ciências, especificamente quanto à evolução da vida humana no planeta.

A atual civilização, apesar dos avanços científicos, se mostra incapaz de vencer as doenças. Nos últimos anos, cresceram as moléstias endêmicas, e se verifica, a nível global, um movimento de redescobrimento das práticas curativas antigas, métodos terapêuticos tradicionais, espiritualistas e esotéricos, nos quais se insere a Umbanda.

Os aspectos psicológicos positivos ativados pela fé, conjugados com a inequívoca atuação sobrenatural, capitaneada pelos espíritos que labutam na seara umbandista, que se utilizam dos poderes de realização dos Orixás, servem de mola propulsora aos intrincados métodos curativos utilizados pelos sacerdotes e dirigentes, compondo um mosaico amplo, do qual pretendemos fazer um recorte e tentar demonstrar sua efetividade quanto à promoção da saúde na Umbanda, tanto para os leigos que a procuram em momentos de maior aflição, caracterizando um público flutuante, quanto para os que se "convertem", tornando-se adeptos de fato da religião, aderindo a um terreiro e frequentando-o como médiuns trabalhadores.

Muitos dizem que a Umbanda é fetichista, venera objetos rituais. Há que se esclarecer que os elementos que participam dos rituais são símbolos cuja substância e forma servem para representar aspectos místicos. Os objetos por si mesmos são apenas substância material. Para adquirir representação simbólica e efeito magístico, precisam ser consagrados. Um objeto que reúne condições estéticas requeridas aos rituais de Umbanda, mas que não tenha sido "preparado", carece de fundamento. É simplesmente uma expressão artesanal e artística. Tudo tem um duplo etéreo, e o dinamismo do caráter sagrado é dado através de um "encantamento", em cerimônia conduzida pelo sacerdote ou pelo próprio guia-chefe, atuando pela mecânica de incorporação. Não são, portanto, fetiches, como apregoam os preconceituosos "de fora" da religião, que ignoram nossos fundamentos internos. Em verdade, são emblemas preparados e aceitos como símbolos de forças espirituais. Nós, umbandistas, não nos inclinamos diante de porcelanas, barros, imagens de gesso, de palha, de cristais ou pedras, mas sim diante do que eles simbolizam e significam espiritualmente. Ou seja, estes objetos são pontos focais de apoio mental para a conexão com o plano metafísico, onde se localizam os Orixás e as entidades mantenedoras de todo o mediunismo de Umbanda.

Sendo assim, esta singela obra objetiva abordar o terreiro de Umbanda como núcleo promotor de saúde por meio do poder curativo dos Orixás. Há muitas pessoas que encontram alívio para as suas doenças depois de terem frequentado as hostes umbandistas. Uma parcela destas que se curaram "aderem" à religião e ao seu mediunismo, notadamente por serem médiuns e necessitarem de uma iniciação. Os processos educativos e disciplinadores da mediunidade passam pela vivência de certos ritos que, em parte, exercem um poder benéfico, preventivo e terapêutico.

4

CAMINHOS PARA A CURA
Por que procuram a Umbanda?

Assim diz o mito: Omulu cura todos da peste e é chamado Obaluaê.

Quando Omulu era um menino de uns doze anos,
saiu de casa e foi para o mundo fazer a vida.
De cidade em cidade, de vila em vila,
ele ia oferecendo seus serviços,
procurando emprego.
Mas Omulu não conseguia nada.
Ninguém lhe dava o que fazer, ninguém o empregava.
E ele teve que pedir esmola,
mas ao menino ninguém dava nada,
nem do que comer, nem do que beber.
Tinha um cachorro que o acompanhava e só.
Omulu e seu cachorro retiraram-se no mato
e foram viver com as cobras.
Omulu comia o que a mata dava:
frutas, folhas, raízes.

Mas os espinhos da floresta feriam o menino.
As picadas de mosquito cobriam-lhe o corpo.
Omulu ficou coberto de chagas.
Só o cachorro confortava Omulu,
lambendo-lhe as feridas.
Um dia, quando dormia, Omulu escutou uma voz:
"Estás pronto. Levanta e vai cuidar do povo."
Omulu viu que todas as feridas estavam cicatrizadas.
Não tinha dores nem febre.
Obaluaê juntou as cabacinhas, os atós
onde guardava água e remédios
que apredera a usar com a floresta,
agradeceu a Olorum e partiu.
Naquele tempo uma peste infestava a Terra.
Por todo lado estava morrendo gente.
Todas as aldeias enterravam os seus mortos.
Os pais de Omulu foram ao babalaô
e ele disse que Omulu estava vivo
e que ele traria a cura para a peste.
Todo lugar aonde chegava, a fama precedia Omulu.
Todos esperavam-no com festa, pois ele curava.
Os que antes lhe negaram até mesmo água de beber
agora imploravam por sua cura.
Ele curava todos, afastava a peste.
Então dizia que se protegessem,
levando na mão uma folha de dracena, o peregum,
e pintando a cabeça com efum, ossum e uági,
os pós branco, vermelho e azul usados nos rituais e encantamentos.
Curava os doentes e com o xaxará varria a peste para fora da casa,
para que a praga não pegasse outras pessoas da família.

*Limpava casas e aldeias com a mágica vassoura de fibras de co-
queiro, seu instrumento de cura, seu símbolo, seu cetro, o xarará.
Quando chegou em casa, Omulu curou os pais
e todos estavam felizes.
Todos cantavam e louvavam o curandeiro
e todos o chamaram de Obaluaê,
todos davam vivas ao Senhor da Terra, Obaluaê.*

• • •

A Umbanda é um grandioso movimento religioso curativo no Plano Astral. É religião no sentido que busca resgatar em cada criatura a sua religação cósmica com um poder ou princípio superior, sobrenatural, do qual emana toda a força organizadora e mantenedora da vida universal. Sob o influxo dos Orixás – aspectos diferenciados, com atributos específicos, deste princípio único, Deus – é dada à humanidade a possibilidade de obter lenitivo minimizador dos sofrimentos.

Os dissabores da existência se particularizam em cada um de nós, consequência natural de um programa de vida ou destino que, independente de nossa crença, é oriundo da irradiação influente dos Orixás, caracterizada como um tipo de enfeixamento de ondas energéticas imponderáveis, extrafísicas, que nos atingem a sensibilidade – corpos sutis – o tempo todo.

A execução proveitosa de nosso plano reencarnatório é consequência de estarmos harmonizados com o mundo externo em conformidade com as nossas potencialidades psíquicas internas, equilibrando direitos e deveres inseridos numa convivência coletiva pacífica. Por vezes, nos desequilibramos e, não raro, a doença nos alcança. Nessas ocasiões, buscamos os terreiros de Umbanda, verdadeiros esteios de proteção espiritual, amparando e auxiliando não só os que adentram suas portas, mas também uma parcela significativa da sociedade.

Assim como a narrativa do mito de Obaluaê, por todos os lados morre gente. A cura não acontece só na matéria corpórea orgânica. Em verdade, a genuína cura é espiritual. Por isso, os caravaneiros de Umbanda atuam muito mais do lado de lá. Cada espírito que desencarna e tem merecimento de amparo é conduzido a lugares metafísicos para que continue sua existência, pois se encontra tão ou mais vivo que os "vivos" da Terra.

As entidades trabalhadoras da egrégora de Umbanda "correm gira" ininterruptamente. No sentido simbólico, estão sempre preparadas para cuidar do povo; abnegados mentores, esquecem completamente de si e se voltam, dedicados, à misericórdia e compaixão que move os que assistem o próximo. Não é incomum, nos locais de socorro no lado de lá, pegarem nas "vassouras" e literalmente varrerem os fluidos de pestilências que nós mesmos atraímos, pela emissão de pensamentos imorais e primários.

A título de exemplo, descreveremos a experiência de clarividência que tivemos das abnegadas entidades que laboram nos locais mais críticos de socorro no baixo umbral.

Primeiramente, os disciplinados Exus da Calunga, que atuam sob a irradiação de Omulu/Obaluaê.

Foi ao fim de uma sessão pública de caridade, no momento da descarga energética geral, realizada sempre ao final dos trabalhos, momento de grande movimentação espiritual nos níveis mais densos do Plano Astral. Na intensidade dos toques de atabaques e cânticos, no ápice das manifestações mediúnicas no terreiro, abriram minha visão do chacra frontal – terceiro olho – e pude enxergar os falangeiros operando num local que disseram se chamar Vale das Lamúrias; uma região escura e úmida, com milhares de sofredores enterrados na lama pútrida, grunhindo como lobos, um tipo de uivo com choro.

No exato instante em que as manifestações se davam, com os médiuns em transe doando grande quantidade de ectoplasma, os

Exus da Calunga, juntamente com as bombogiras Marias, Molambo e Farrapo, em verdade uma legião, dançavam e riam galhardamente. Os exus masculinos, com suas capas e cartolas, formavam uma espécie de redemoinho; os exus femininos rodavam as saias, que ficavam luminescentes. Não riam gargalhadas de escárnio, mas de felicidade, de alegria, emitindo poderoso mantra orquestrado num coral de vozes do Além para quebrar o hipnotismo mental em que aqueles coitados enterrados no chão se encontravam.

Assim, foi gradativamente se modificando o ambiente. A escuridão paulatinamente clareou, os vales de lama fétida se transformaram em jardins floridos, de árvores secas nasceram folhas verdejantes, e os espíritos que uivavam, chorando compulsivamente, foram envolvidos por um potente campo de força magnético e, sob o influxo da curimba que tocava intensamente no terreiro, dando suporte ao transe dos médiuns, literalmente as criaturas disformes foram levantadas das covas em que estavam enterradas até o pescoço.

Ato contínuo, seres cadavéricos assumiram novamente feições humanas, suas vestes maltrapilhas viraram roupas novas e, como se tivessem tomado banho, eram conduzidos, sob a emanação de uma luz roxa, por uma falange de entidades "omulus" trajadas com palha da costa. Em fila, entravam numa espécie de barracão de madeira coberto de palha, onde recebiam atendimentos de pretos velhos quimbandeiros – feiticeiros curadores – com aplicação de específicos pós e unguentos de folhas piladas. Nesse local, ficaram deitados em esteiras estendidas no chão do imenso barracão, todos dormindo calmamente, não mais uivando ou gemendo. Quando acordassem, estariam num entreposto socorrista localizado no próprio lugar, agora transformado em uma verdadeira construção extrafísica, para ser um hospital de coleta ou passagem transitória de almas aflitas do umbral.

Há que se considerar que nem todos foram socorridos, haja vista que muitos ainda não tinham condição de despertar do entorpecimento mental em que se encontravam, mesmo com todos os recursos magnéticos usados pelas entidades durante o transe dos médiuns que se encontravam no terreiro. Ou seja, continuariam decantando suas negatividades perispirituais no "campo santo".

É interessante comentar, para reflexão dos preconceituosos e puristas de plantão, que as risadas foram o catalisador utilizado para impulsionar a força magnética capaz de "quebrar" a tristeza cristalizada nos corpos astrais dos sofredores, consequência natural do estado de fixação mental ou monoideia em que se encontravam.

Outro exemplo emblemático que também tivemos oportunidade de acompanhar por meio da visão hiperfísica foi o trabalho dos boiadeiros, liderado pelo Senhor João do Laço e Senhor Zé do Berrante. Estes benfeitores espirituais, vestidos com roupas de couro, no exato momento dos toques e cânticos de boiadeiros no terreiro, com os médiuns em transe, "sapateavam" em cima de trabalhos de magia para o mal entregues em portas de cemitérios para matar alguém. A cada vez que o "chicote" do Senhor João do Laço batia no chão, ricocheteavam faíscas que explodiam no ambiente num impactante estrondo, desintegrando os elementos mórbidos utilizados para a consecução do enfeitiçamento maléfico. Ao mesmo tempo, Senhor Zé do Berrante ia à frente de uma tropa de boiadeiros, reproduzindo certos sons num enorme chifre de boi ornado em couro.

Era impressionante a quantidade de entidades sofredoras que "seguiam" o som do berrante, parecia literalmente uma "boiada"; seres que estavam aprisionados, tristes escravos explorados por uma determinada categoria de mago das sombras, que se mantém poderoso pela vampirização fluídica da vitalidade destas entregas em cemitérios. Tudo em volta do portão do cemitério ficou limpo, iluminado com uma luz alaranjada do Orixá Iansã de Balé, a força divina que reina na calunga pequena.

As atividades de atendimento não se resumem somente ao terreiro. Rotineiramente, somos atendidos durante o desdobramento natural e involuntário que acontece durante o sono físico. Entendamos isso como um fenômeno natural; o afastamento do nosso corpo fluídico – Astral – do corpo físico por alguns momentos, ficando ambos conectados por cordões fluídicos. Essa experiência tem recebido diversas nomenclaturas, dependendo da doutrina ou corrente de pensamento que a mencione: Viagem Astral (Esoterismo), Projeção Astral (Teosofia), Experiência Fora do Corpo (Parapsicologia), Desdobramento, Desprendimento Espiritual ou Emancipação da Alma (Espiritismo), Viagem da Alma (Eckancar), Projeção do Corpo Psíquico ou Emocional (Rosacruz), Projeção da Consciência (Projeciologia) etc. Nessas ocasiões, nada percebemos através dos sentidos ordinários, fisiológicos e densos.

Assim, a Umbanda relembra o mito de Omulu curandeiro, assistindo de "porta em porta" os cidadãos que, por sua vez, passam pelos portões de entrada dos seus templos. Tendo eles merecimento, inclusive seus familiares podem ser beneficiados pela movimentação destas falanges benfeitoras, desde que a Lei Divina permita a ação reparadora do desequilíbrio.

São muitos os fatores predisponentes que desencadeiam desequilíbrios diversos; psicológicos e mediúnico-espirituais, que, por sua vez, podem vir a se tornar causas de doenças. Em verdade, a Umbanda não trata o doente, nem o efeito – a doença –, mas sim a causa; o desequilíbrio pulsante do ser. Para tanto, os seus sacerdotes e médiuns valem-se do apoio dos espíritos e da canalização mediúnica de energias existentes no Cosmo, notadamente as referentes aos quatro elementos naturais – ar, terra, fogo e água –, aplicando recursos magísticos sob os mesmos. Para a potencialização dessas forças, essas energias são combinadas em rituais que exigem a força mental conjugada para os mesmos propósitos coletivos e individuais, que conduzem o consulente a "abrir-se" no tocante à desobstrução de seus campos vibratórios internos, que captam e distribuem fluidos vitais regeneradores.

A motivação que leva as pessoas a procurarem um terreiro de Umbanda, templo de uma religião que não é proselitista e não exige conversão, é bastante complexa. De uma maneira geral, se relaciona com questões de etiologia metafísica, apresentando certas especificidades que fogem ao entendimento do senso comum vigente. Contudo, as prováveis consequências do uso da magia ou do chamado axé forte, não raras vezes de apelo rápido e de resultados eficazes no precário imaginário popular predominante, por demais sensível ao imediatismo de resultado, talvez sejam ainda o principal motivo pelo qual os cidadãos buscam a Umbanda pela primeira vez.

Cabe ressaltar que todo trabalho espiritual mediúnico, caritativo ou não, está amparado por leis reguladoras que atuam independentemente das denominações terrenas das religiões e doutrinas. Assim, mesmo que, por vezes, muitos médiuns invoquem certas forças magísticas convictos do resultado rápido, estão contingenciados por forças mantenedoras do próprio equilíbrio cósmico, para as quais somos como grãos no deserto – muda-se a posição de um monte de areia pelas mãos do homem, mas logo vem o vento incontrolável e o altera. Não temos capacidade de movimentar um deserto de lugar, assim como não teremos aquilo que não deve ser nosso por merecimento, embora não haja determinismo. Por isso, muitos se desiludem com o seu "santo", pois pagaram e fizeram todas as iniciações e trabalhos rituais que lhes foram pedidos por determinada categoria de sacerdócio aética e mercantil, sendo que, no mais das vezes, nada conseguiram.

Somente pelo esforço próprio alcançaremos a "boa sorte" em nossas vidas, tal qual a forja transforma a força e destreza do ferreiro em peça útil. O caráter é o escudo de defesa do bom ferreiro, sua espada e armadura!

Mas, afinal, por quais motivos se procura a Umbanda?

Temos que fazer algumas considerações baseadas na vivência prática com os frequentadores da Umbanda.

As práticas mágico-terapêuticas não deveriam contrariar a medicina convencional. As intervenções médicas deveriam ser prioridade e escolha natural dos cidadãos. Ocorre que muitas pessoas não têm acesso gratuito à saúde pública, por considerável falência da mesma, assim, não é incomum recorrerem ao arsenal curativo dos terreiros. Não por acaso, o próprio vestuário dos médiuns é branco, e as conversas dos visitantes com as entidades manifestadas pelo transe são chamadas de consultas. Por vezes, um templo umbandista parece um grande "ambulatório hospitalar", com enormes filas, tendo os frequentadores retirado fichas para se consultarem. Não é incomum que, quando um guia é muito solicitado e a fila não diminui, os diretores de rito promovam a redistribuição "mais equitativa" do trabalho profilático espiritual, uma verdadeira limpeza energética que promove a reorganização da saúde em seres enfermos das mais variadas etiologias e procedências.

Sem dúvida, a esperança de cura constitui o motivo primordial de aproximação e procura pela Umbanda. Esse é o fator preponderante, que certamente motiva a maioria que busca suas práticas mágico-terapêuticas mediúnicas. O aparecimento de doenças ou distúrbios generalizados do comportamento que geram mal-estar, com amplo espectro de ação desestabilizadora no conjunto interdisciplinar biopsicossocial, justifica as consultas regulares aos espíritos incorporados em "seus" médiuns nas sessões umbandistas. Ou seja, por causa das "doenças" a Umbanda é procurada, e a adesão ao culto ocorre após a experiência pessoal de reequilíbrio dos distúrbios psíquicos e somáticos iniciais. Ou seja, com a reobtenção da segurança e bem-estar perdidos, por meio da participação continuada nos trabalhos mediúnicos caritativos umbandistas, os indivíduos se voltam para o seu aspecto religioso mais profundo, que explica a existência humana e do Cosmo espiritual.

Principais motivos pelos quais a Umbanda é procurada: doenças, transtornos psíquicos diversos, dificuldades emocionais e sentimentais, relacionamentos problemáticos, instabilidade financeira e profissional, animismo, obsessões espirituais, feitiçarias e mediunidade reprimida – deseducada.

Sintomas que acompanham a motivação: tremores, calafrios, calores, arrepios, insônias, fraqueza mental (dificuldade de concentração), tonturas, inchaços, comportamentos estranhos e manifestações espirituais.

Quanto mais se ouvem casos de curas alcançadas no amplo universo umbandista, mais se percebe que o a doença material – orgânica – é consequência de alguma desorganização espiritual na vida do indivíduo. Embora se respeite a esfera de ação da medicina e não se concorra com ela no vasto campo de diagnóstico e procedimentos terapêuticos que a ciência oferece, é intrínseca à Umbanda a possibilidade de interpretação mágico-religiosa e, consequentemente, de intervenção mediúnica nas amplas e complexas enfermidades humanas, sejam elas quais forem. Neste sentido, há que se registrar que a busca da cura nas hostes umbandistas surge não como algo que se soma, mas que, na maioria das vezes, se contrapõe, substitui o tratamento oficial, seja porque os indivíduos menos favorecidos não têm acesso à medicina, seja pelo fato de os médicos desconsiderarem as queixas como sendo pertinentes à descrição de alguma consideração de cunho espiritual.

Concluindo este capítulo, consideremos que a ação mediúnica e sua eficácia desvendam para os cidadãos, inicialmente incrédulos, uma dimensão espiritual que jazia oculta aos sentidos comuns. Descortinadas as causas das doenças, as mesmas são sanadas pela intervenção mágico-terapêutica das entidades e pela utilização do arsenal de Umbanda, restituindo o equilíbrio psicobiofísico, reorganizando a vida humana e despertando a fé para o fato incontestе: existe algo além da matéria que permeia nossas frágeis existências humanas.

5

Estrutura energética humana
Orixá, Exu e individualidade

Assim diz o mito: Exu ganha o poder sobre as encruzilhadas.

Exu não tinha riqueza, não tinha fazenda, não tinha rio, não tinha profissão, nem artes, nem missão.

Exu vagabundeava pelo mundo sem paradeiro.

Então um dia Exu passou a ir à casa de Oxalá.

Ia à casa de Oxalá todos os dias.

Na casa de Oxalá, Exu se distraía vendo o velho fabricando os seres humanos.

Muitos e muitos também vinham visitar Oxalá, mas ali ficavam pouco.

Quatro dias, oito dias, e nada aprendiam.

Traziam oferendas, viam o velho Orixá, apreciavam sua obra e partiam.

Exu ficou na casa de Oxalá dezesseis anos.

Exu prestava muita atenção na modelagem e aprendeu como Oxalá fabricava as mãos, os pés, a boca, os olhos, o pênis dos homens, as mãos, os pés, a boca, os olhos, a vagina das mulheres.

Durante dezesseis anos ali ficou ajudando o velho Orixá.

Exu não perguntava.

Exu observava.

Exu prestava atenção.

Exu aprendeu tudo.

Um dia Oxalá disse a Exu para ir postar-se na encruzilhada por onde passavam os que vinham à sua casa, para fica ali e não deixar passar quem não trouxesse uma oferenda a Oxalá.

Cada vez mais havia mais humanos para Oxalá fazer.

Oxalá não queria perder tempo recolhendo os presentes que todos lhe ofereciam.

Oxalá nem tinha tempo para as visitas.

Exu tinha aprendido tudo e agora podia ajudar Oxalá.

Exu coletava os ebós para Oxalá.

Exu recebia as oferendas e as entregava a Oxalá.

Exu fazia bem o seu trabalho e Oxalá decidiu recompensá-lo.

Assim, quem viesse à casa de Oxalá teria que pagar também alguma coisa a Exu.

Quem estivesse voltando da casa de Oxalá também pagaria alguma coisa a Exu.

Exu mantinha-se sempre a postos, guardando a casa de Oxalá.

Armado de um ogó, poderoso porrete, afastava os indesejáveis e punia quem tentasse burlar sua vigilância.

Exu trabalhava demais e fez ali sua casa, ali na encruzilhada.

Ganhou uma rendosa profissão, ganhou seu lugar, sua casa.

Exu ficou rico e poderoso.

Ninguém pode mais passar pela encruzilhada sem pagar alguma coisa a Exu.

●●●

Pressupomos que o leitor amigo conheça ao menos as noções básicas dos chacras, meridianos e corpos espirituais consagrados no meio espiritualista. Todo e qualquer fluido regenerador, potencializado em rituais peculiares à Umbanda e conjugado à força mental dos médiuns e das entidades que os assistem do Plano Astral, impacta nestes campos vibratórios internos dos consulentes para que os processos de cura aconteçam. No entanto, não é isso que vamos abordar nesta obra.

Vamos por partes para nos fazer entender.

As religiões no ocidente, de uma maneira geral, separam o espiritual do material, como se não fôssemos espíritos. Ignoram que temos um complexo energético metafísico e que as doenças orgânicas majoritariamente são decorrentes da desorganização do mesmo. Considerando que o corpo físico é um núcleo envolto em camadas vibratórias imponderáveis ao exame científico, é compreensível o desconhecimento das massas quanto à nossa verdadeira estrutura formadora. Em verdade, o organismo humano é o mais "perecível" e denso de uma cadeia de camadas vibratórias justapostas.

Ignoramos que as Leis Cósmicas não são dicotômicas, maniqueístas e sectárias. O plano vibracional do planeta em que vive e habita a humanidade encarnada é mais um entre tantos outros que estão justapostos. O Ayê (Terra) é um estrato de frequência, obviamente estratificado, diferenciado dos estratos imediatamente superiores e inferiores; mais rápidos e sutis os "de cima" e mais lentos e densos os de "baixo". Todos estes estratos de frequência compõem o Orum (Plano Espiritual), cada qual, por sua vez, com subplanos de existência específicos para a manutenção da vida de seus habitantes – espíritos mais ou menos moralizados (caráter) perante as Leis Divinas –, como uma esfera com várias camadas de densidade, localizando-se o planeta físico no meio, ratificando no microcosmo do orbe a máxima de Jesus: "na casa do Pai há muitas moradas".

O conceito de unidade, logo, de não separatividade, é crucial e determinante para entendermos a estrutura energética humana em toda a sua amplitude. Através do transe – estado alterado e superior de consciência – é possível que a unidade seja revivenciada, confirmando o vaticínio do Mestre: "vós sois deuses". Pode-se afirmar que estes estados superiores de consciência não ocorrem somente através dos transes, podendo ser alcançados de outras maneiras, o que não é o foco de nossa abordagem. As pessoas que não entram em transe não são preteridas pelo Criador, nem os médiuns e sensitivos paranormais são seres eleitos. No capítulo "O transe ritual como prevenção de doenças", aprofundaremos melhor esse tema.

Somos seres únicos no Cosmo criado, incomparáveis e infinitos, no sentido de que nunca deixaremos de viver, de existir. Todavia, não somos eternos, mas somos perenes como espíritos imortais. Eterno só Deus, pois esse atributo pressupõe algo que não foi criado. Só há um Incriado, o magnífico imponderável universal que a tudo sustenta. Todos os demais espíritos e tudo o mais que existe em todas as dimensões imagináveis foi criado.

Pensemos que uma "Massa Genitora Divina" preenche todos os "espaços" no Cosmo. É uma espécie de "protoplasma" sutilíssimo, sobrenatural e imperceptível mesmo para as esferas vibratórias mais elevadas. Imaginemos o "útero" de Deus, no qual os espíritos são gestados antes de "nascerem" – sim, Deus é pai e mãe; esquecemos facilmente disso pela influência das religiões patriarcais. Urge reinterpretarmos o patriarcado dominante das teologias vigentes. Ocorre que uma partícula infinitesimal deste "protoplasma" se desgarra, um "pedacinho" desta "Massa Genitora Divina" se solta, a nossa essência primeva, que todos nós temos alojada dentro de nós e se expressa como inconsciente profundo, sendo denominada mônada ou centelha divina pelos esotéricos – uma "chispa" do Criador. Imaginemos que uma parte microcósmica desta "massa" divina se separou do Todo, assim como uma gota do oceano aparta-se da onda, num processo de gênese espiritual, algo que podemos inferir como o "berçário dos espíritos". Esse é o marco zero, o início de nosso longo caminho de individualização. Esta partícula primordial, essência primeva ou centelha, organiza em si o poder volitivo do Criador, que, por sua vez, desdobra-se no que conhecemos como Orixás.

Cada um dos Orixás agrupa atributos divinos que se somam e formam a Totalidade Cósmica, assim como as células estruturam os órgãos, e estes, por sua vez, o corpo físico. Não temos como mencionar a estruturação do Universo, seja no macrocosmo espiritual ou no microcosmo humano, sem fazer referência a Exu.

No sentido mais restrito de nossas existências, Exu é impulsionador (atributo da vontade divina) da diferenciação de nossos espíritos do Todo indiferenciado que é Deus. Assim, Exu é quem mobiliza forças para que uma parte do Todo se torne progressivamente mais distinta e independente – individuação –, diferenciando-se como parte separada da totalidade cósmica, do Uno que é Deus, tornando-nos cada vez mais "unidades autônomas", como gotículas de água que se soltam e ficam em suspensão no ar quando as ondas batem nos rochedos ou na areia da praia. Assim, neste impulso propulsor de Exu, vamos nos tornando únicos, individualizados, diferentes uns dos outros, conforme estagiamos nos reinos mineral, vegetal e animal dos diversos orbes do Universo. Se não fosse a força propulsora intrínseca de Exu, não haveria o movimento de rebaixamento vibratório de nossas mônadas ou centelhas espirituais, não se aglutinariam os átomos do Plano Astral e não conseguiríamos ocupar um veículo adequado a esta dimensão – o Corpo Astral. E assim ocorre em todos os subplanos espirituais com seus estratos de frequência afins, bem como com os seus habitantes individualizados pela força – atributo divino – de Exu.

É preciso considerar que o poder volitivo divino se expressa também através dos Orixás – aspectos diferenciados do próprio Deus –, que, por sua vez, fazem "par" com Exu, assim como a polaridade positiva se equilibra com a negativa, tal qual o passivo se complementa com o ativo.

Cada um de nós, indivíduos constituídos na criação divina, nascidos e reencarnados, tem em si a vibração Exu. É um processo vital, equilibrador, impulsionado e controlado pelo nosso "guardião interno", baseado na absorção e restituição energética, sem o qual nosso Corpo Astral não teria força magnética centrípeta para se manter "acoplado" ao duplo etéreo e este ao corpo físico, interagindo com suas emanações metabólicas. Em contrário, haveria o desfalecimento geral orgânico – morte. Obviamente, a matriz eletromagnética astralina que envolve nossas auras e que "abriga" o Corpo Astral tem uma força motriz peculiar – Exu – que faz com que as moléculas do Plano Astral se aglutinem, aproximando umas das outras e "plasmando" o próprio Corpo Astral, que é o veículo afim de expressão de nossos espíritos – consciência – nesta dimensão. Podemos inferir que Exu é a mão que pega o pincel e "joga" as tintas na tela em branco, dando-lhes forma. Sem ele, o quadro não seria pintado. Por isso, o aforismo popular na Umbanda: "Sem Exu não se faz nada".

Voltando ao foco de nosso capítulo, há que se considerar que esta partícula primordial, essência primeva ou centelha, como já foi dito antes, está "alojada" dentro de nós e se expressa através do inconsciente profundo (núcleo intrínseco do espírito), se localizando, se assim podemos nos referir, no centro de nossa cabeça, na contraparte etéreo-astral da glândula pineal. A ciência já tem comprovação que o entorno da pineal é a sede da mediunidade, como atestam inequivocamente as ressonâncias realizadas em médiuns durante os transes.

A cada encarnação, se "acomoda" no entorno de nossa essência primeva – que é símile a todos os Orixás em potencial divino, embora esteja "adormecida" –, um envoltório vibratório específico e peculiar, sensibilizado pelos nossos Babás, Eguns ou Mestres Cármicos, que, por sua vez, moldam o nosso Ori, o "envoltório" da mônada ou centelha. Na verdade, ele é o "eu sou", ou seja, nós mesmos, só que em sua essência luminosa, refulgente, pura, semelhante a Olorum.

Podemos perceber o papel de Ori em nossas vidas relacionado, em larga escala, aos nossos destinos pessoais. Os sucessos e insucessos e todo o plano de provas por que teremos de passar, onde encarnaremos, em que raça, quem serão nossos pais, irmãos e primos, condição social, econômica etc., receberemos esse roteiro no momento em que tivermos que voltar para a Terra e ocupar um corpo de carne, conscientemente ou não. Quanto à influência dos Orixás sobre o Ori, consequência da sensibilização sofrida antes de reencarnar – como o reflexo de um espelho –, será de suma importância na consecução do plano de vida ou destino na presente encarnação.

É vital o entendimento da composição dessas forças sagradas que integram a estrutura energética humana – Ori, Orixá e Exu – para a manutenção de nosso equilíbrio e consequente saúde. Em nosso psiquismo, estão registrados hábitos viciados de outrora, que serão refreados pelas energias dos Orixás, que, por sua vez, nos corrigirão em nosso modo de ser equivocado, para que seja possível o equilíbrio e a superação cármica. Assim, certos aspectos comportamentais são aprimorados de acordo com a influência dos Orixás, como, por exemplo, o exaltado de outrora que vem com Oxum de frente para "esfriá-lo", ou uma pessoa muito passiva e submissa que tem uma irradiação de Ogum para "esquentá-la" e lhe ativar a vontade "anêmica".

Ou seja, o que estamos tentando demonstrar em nossa argumentação é que o Ori contém o núcleo intrínseco do espírito, nossa essência primeva, centelha ou mônada espiritual. Grosso modo, podemos entender Ori como a expressão de nossa consciência, que contém o inconsciente; assim como um aplicativo ou software roda no sistema operacional do computador, a consciência se manifesta adequadamente "rodando" num sistema mantenedor muito maior que ela própria: o inconsciente profundo. Ambos estão ligados visceralmente, e não existiria expressão consciente do indivíduo se os mesmos não tivessem "comunicação" entre si. Ocorre que a inteligência e o raciocínio são consequências deste "trânsito" entre inconsciente e consciência, tal qual um pescador precisa da água para jogar a linha.

Desenvolvemos estes últimos conceitos para afirmarmos que não existe mais transe inconsciente na atualidade da Umbanda; se houver, ocorre em raríssimos médiuns anciões. Defendemos que os estados alterados e superiores de consciência são anímicos, podendo ser mediúnicos em alguns momentos, se a entidade estiver "acostada" no médium, o que não é comum o tempo todo na dinâmica ritual dos terreiros. É chegada a hora de aceitarmos que não existe mais transe totalmente inconsciente – sem a influência da consciência do médium.

Repetindo-nos para fixar os conceitos: o espírito comunicante é como um aplicativo que roda no computador, o inconsciente do médium é o sistema operacional da máquina e esta última é o corpo humano. Ambas as consciências – do guia astralizado e do medianeiro – se fazem uma só durante o transe. Óbvio que, sem o inconsciente do médium, que se interliga num trânsito com a consciência, saberes não viriam à tona nas comunicações mediúnicas.

É válido ressaltar que, quando o médium é afeito ao estudo e busca incessantemente o seu autoconhecimento, não tendo apenas a inocente "boa intenção", mas esforçando-se com disciplina e assiduidade nas tarefas caritativas, afloram do inconsciente certos saberes, num saudável processo anímico que emerge à periferia do conhecimento cognitivo através do estado de consciência alterado, induzido pelo envolvimento mental e magnético dos espíritos benfeitores num perfeito acoplamento áurico ou de interpenetração de duas mentes – perispírito a perispírito.

Então, concluímos este capítulo afirmando que a estrutura energética do ser humano é formada por:

– essência primeva, centelha ou mônada divina;

– esta essência primeva anima os processos mentais mais complexos de pensamento, raciocínio e aptidões psíquicas diversas;

– esta essência primeva, ou núcleo intrínseco do espírito, é "vestida", como se fosse um "manequim" de vitrine, por um campo vibratório imortal que se forma com os primeiro bruxuleios de consciência em nossa longa jornada evolutiva: denominado Ori (o seu vestuário), sofre alterações em certas especificidades a cada encarnação;

– a sensibilização do Ori a cada encarnação estrutura a conexão de nossa essência primeva com os Orixás (de frente, adjunto...), havendo similitude vibracional entre ambos, o que "impõe" atributos ligados à Massa Genitora Divina que temos que aprimorar em nós a partir de experiências vividas na existência humana;

– toda vez que nos afastamos da conexão do nosso Ori com os Orixás, desorganizamos a sintonia com a nossa essência, nos desequilibramos em termos biopsicossociais e espirituais, nos distanciamos de nossos benfeitores espirituais e atraímos presenças intrusas do Mundo Astral;

– de uma maneira geral, as doenças e enfermidades se estabelecem em consequência do nosso desequilíbrio em relação a nossa própria essência, dons e aptidões inatos.

Na busca pela manutenção do equilíbrio psíquico e do nosso Ori, podemos manifestar os Orixás através dos transes, que são ao mesmo tempo terapêuticos e previnem doenças. O processo indutor e controlador dos estados alterados e superiores de consciência por meio dos rituais nada mais é do que permitir disciplinadamente, em determinados momentos, a unidade do inconsciente com o consciente, propiciando a manifestação dos Orixás em nosso psiquismo através da sensibilidade de nosso Ori.

6

O PODER CURATIVO DE ORI E DOS ORIXÁS

Assim diz o mito: Ori vence os Orixás numa disputa.

Havia uma mulher com muitos problemas.
E nem tinha marido com quem se aconselhar.
Foi então consultar o jogo de búzios para saber o que fazer.
Foi dito a ela que fizesse uma oferenda para o Ori, a cabeça.
À sua cabeça a mulher devia oferecer dois obis[1].
Ela então pegou os dois obis e foi fazer a oferenda.
No caminho, passou por uma caravana de dezesseis orixás.
Xangô se dirigiu à mulher, dizendo:
"Tu, mulher que estás passando, por que não nos cumprimenta?"
E ela respondeu:
"E por que deveria? Nem os conheço."
Xangô não gostou da resposta insolente e tirou os obis da mão da mulher.

---

1 Obi é um fruto indispensável em rituais afro-brasileiros, também conhecido como Noz-de-cola, seu nome científico é Cola acuminata.

Um deles ele comeu.

O outro, deu para Oxalá.

Então chegou Ori e perguntou:

"Quem tirou os obis da mulher que ia passando?"

"Fui eu", respondeu Xangô.

Ori xingou Xangô e a luta começou.

Ori levantou Xangô nos braços e o lançou no ar em direção à cidade de Cossô.

Orixá Ocô não gostou e avançou ferozmente contra Ori.

Ori o atirou para os lados de Irauô.

Depois arremessou Ifá para a cidade de Ado e Iansã para a cidade de Irá.

Suspendeu Egungun no alto e o atirou para Ojé.

Xapanã foi catapultado para Egum, Legba para Iuporô e Oxalufã para Erim.

Nessas cidades eles ficaram por três anos e então voltaram a se reunir.

Chamaram Ori e disseram que queriam retornar à luta.

Ori disse que era bobagem, pois ele lhes tinha feito um grande bem.

Cada um agora era cultuado naquela cidade para onde Ori aquele dia os lançara.

As cidades os haviam adotado.

Eles antes não eram nada, mas agora todos tinham seu culto próprio, cada um numa cidade.

Eles concordaram e Ori mandou trazer oferendas.

E eles disseram:

"Ori está nos saudando."

"Sim, ele está nos festejando."

E assim todos se rejubilaram.

●●●

Assim diz o mito: Ori faz o que os Orixás não fazem.

Orunmilá reuniu todos os deuses em sua casa e lhes fez a seguinte pergunta:

"Quem dentre os Orixás pode acompanhar seu devoto numa longa viagem além dos mares e não voltar mais?"

Xangô respondeu que ele podia. Então lhe foi perguntado o que ele faria depois de ter andado, andado e andado até as portas do Cossô, a cidade de seus pais, onde iam preparar-lhe um amalá[2] e oferecer-lhe uma gamela de farinha de inhame, onde lhe dariam orobôs... Xangô respondeu:

"Depois de me fartar, retornarei à minha casa."

Então foi dito a Xangô que ele não conseguiria acompanhar seu devoto numa viagem sem volta além dos mares.

Aos que entravam pela porta e ali ficavam de pé, Ifá fez a pergunta:

"Quem dentre os Orixás pode acompanhar seu devoto numa longa viagem além das marés e não voltar mais?"

Iansã respondeu que ela poderia. Foi-lhe perguntado o que ela faria depois de caminhar uma longa distância, caminhar e caminhar e chegar à cidade de Irá, o lar de seus pais, onde lhe ofereceriam um pote de cereal. Iansã respondeu:

"Depois de comer até me satisfazer, voltarei para casa."

Foi dito a Iansã que ela não poderia acompanhar seu devoto numa viagem além das marés.

A todos os Orixás reunidos por Orunmilá, Ifá fez a mesma pergunta:

"Quem dentre os Orixás pode acompanhar seu devoto numa longa viagem além das marés e não voltar mais?"

---

2 Oferenda ritual para Xangô.

Oxalá disse que ele poderia. Foi-lhe perguntado então o que ele faria depois de caminhar uma longa distância, caminhar e caminhar e chegar à cidade de Ifom, o lar de seus pais, onde o serviriam com melão e vegetais. Oxalá respondeu:

"Depois de comer até ficar saciado, voltarei pra minha casa."

Foi dito a Oxalá que ele não poderia acompanhar seu devoto numa viagem além das marés.

A todos os deuses reunidos por Orunmilá, Ifá fez a mesma pergunta.

Eis que Exu respondeu que ele podia acompanhar seu devoto numa longa viagem além dos mares e não mais voltar.

Então foi-lhe perguntado: "O que farás depois de caminhar uma longa distância, caminhar e caminhar e chegar à cidade de Queto, o lar de seus pais, e ali te derem uma grande quantidade de azeite-de-dendê e aguardente?"

Ele respondeu que, depois de se fartar, voltaria para sua casa. Foi dito a Exu:

"Não, não poderia acompanhar teu devoto numa longa viagem além dos mares e não voltar."

Ogum respondeu que ele sim poderia. Foi-lhe perguntado o que ele faria depois de caminhar uma longa distância, caminhar e caminhar e chegar à cidade de Irê, o lar de seus pais, onde haviam de lhe oferecer inhame assado e feijões pretos.

Ogum respondeu: "Depois de me satisfazer, voltarei para minha casa, cantando alto e alegremente pelo caminho."

Foi dito a Ogum que ele não poderia acompanhar seu devoto numa longa viagem além dos mares e não voltar.

Oxum disse que ela podia. Foi-lhe perguntado: "O que farias depois de caminhar uma longa distância, caminhar e caminhar e chegar à cidade de Ijimu, o lar de seus pais, onde te dariam cinco pratos de feijão-fradinho com camarão, tudo acompanhado de vegetais e cerveja de milho?"

Respondeu Oxum: "Depois de me saciar, voltaria para minha casa."

E foi dito a Oxum que ela não poderia acompanhar seu devoto numa longa viagem além dos mares e não voltar.

O próprio Orunmilá disse que ele poderia acompanhar seu devoto numa viagem sem volta além dos mares. Foi-lhe perguntado: "O que farás depois de caminhar uma longa distância, caminhar e caminhar e chegar à cidade de Igueti, o lar de seus pais, onde vão te oferecer dois peixes que nadam graciosamente, vão te preparar inhames pilados, mingaus de farinhas brancas, a mais preciosa de todas as cervejas, os mais saborosos obis e as melhores pimentas doces?"

"Depois de me fartar" – respondeu Orunmilá – "voltarei para minha casa".

O sacerdote de Ifá ficou pasmo. Não conseguia dizer uma palavra sequer, pois ele simplesmente não entendia essa parábola. Disse ele: "Orunmilá, eu confesso minha incapacidade. Por favor, ilumina-me com tua sabedoria. Orunmilá, és o líder, eu sou o teu seguidor. Qual é a resposta para a pergunta sobre quem dentre os deuses pode acompanhar seu devoto numa viagem sem volta além dos mares?

Orunmilá falou: "A única resposta é... o Ori. Somente Ori pode acompanhar seu devoto numa viagem sem volta além dos mares."

Disse Orunmilá: "Quando morre um sacerdote de Ifá, dizem que seus apetrechos de adivinhação devem ser deixados numa corrente d'água. Quando morre um devoto de Xangô, dizem que suas ferramentas devem ser despachadas. Quando morre em devoto de Oxalá, dizem que seu pano branco deve ser enterrado."

Disse também Orunmilá: "Mas, quando os seres humanos morrem, a cabeça nunca é separada do corpo para o enterro. Não. Lá está o Ori. Lá vai ele junto com o seu devoto morto. Somente o Ori pode acompanhar para sempre seu devoto a qualquer lugar."

Falou ainda Orunmilá: "Pois o Ori é o único que pode acompanhar seu devoto numa viagem sem volta além dos mares."

· · ·

As parábolas ditadas pelos antigos Pais de Segredo (babalaôs), de boca a orelha, ao longo de milênios, teceram narrativas humanizadas para explicar o imanifesto e o sagrado, histórias de domínio público que se mantêm vivas até os dias atuais. Elas fazem parte do corpo literário de Ifá, declarado Patrimônio Imaterial da Herança Oral e Cultural da Humanidade.

Nestas "historietas" – que, no mais das vezes, não são ficcionais, e sim um recorte real e descritivo do entendimento sagrado de uma época e cultura –, habitualmente os heróis são os próprios Orixás à frente de batalhas, conquistas e dos mais diversos feitos. Obviamente, devemos entender a rica mitologia dos Orixás não somente como metáforas, mas parábolas inseridas e direcionadas para uma visão conjunta, na qual crença religiosa e fatos históricos estão unidos, confundindo-se reciprocamente.

Inteligentemente, a pedagogia dos Pais de Segredo teceu os Orixás como modelos humanos, com emoções, sentimentos, vivendo experiências ao lado do próprio povo, aproximando, assim, um saber um tanto complexo à compreensão dos homens simples, lavradores, comerciantes, caçadores e trabalhadores comuns. Claro está que as contendas às vezes existentes entre os próprios Orixás devem ser consideradas como uma transposição do saber de domínio religioso, oculto, metafísico e iniciático para o senso e entendimento populares relacionados à memória de um povo e, consequentemente, de seus fatos históricos.

Em nossa interpretação dos mitos descritos, podemos afirmar que temos um "envoltório" semimaterial energético, altamente vibracional, que envolve nossa mônada ou centelha divina. Para os sábios sacerdotes iorubás, tratar-se-ia de nossa divindade interna, um "pequeno" Orixá chamado Ori, que significa "cabeça". Obviamente, não se refere à cabeça física, e sim a uma espécie de "duplo" espiritual.

Vamos entender melhor?

Basicamente, nós temos três especificidades constitutivas, que adotaremos para efeito didático deste capítulo:

– Ara: a porção energética que forma o corpo físico, decorrente do campo de força bioeletromagnético que criou e mantém a coesão atômica molecular que forma os órgãos e, consequentemente, todo o organismo;

– Ori: a porção energética ligada ao espírito, sua consciência, que se expressa através da cabeça – cérebro –, mas, por sua vez, não é física, preexiste à reencarnação e, depois da morte física, continua vivo e plenamente manifesto. Por sua vez, contém e envolve um núcleo energético central (Ipori);

– Ipori: o núcleo intrínseco do espírito, nossa mônada, centelha ou chispa divina, nossa divindade interior, pois é formado pela mesma "matéria" primeva símile a Deus. Não por acaso, Jesus vaticinou: "Eu e o Pai somos um", "O que eu faço, podereis fazer, e muito mais" e "vós sois deuses".

Inexoravelmente, Ori se formou no entorno deste núcleo intrínseco do espírito – Ipori –, que, por sua vez, se "soltou" da matéria – massa – primordial, protoplasma sagrado que não conseguimos definir em palavras, o próprio Deus imanifesto, onisciente, imanente, onipotente e consequente Criador de todos nós – cabeças –, que, por sua volição – vontade –, faz ininterruptamente "porções" d'Ele se "soltarem", se diferenciando do Todo cósmico que Ele é.

No momento em que essa porção se solta, como gota do oceano, temos a potencialidade do Criador em nós, mas somos diferenciados em relação à massa de origem. Como espíritos criados, somos submetidos a um Orixá ancestral, que demarca nossa vibração primeva e nos acompanha no infinito existencial. Ao mesmo tempo, somos expostos ao princípio dinâmico e de comunicação emanado do próprio Deus, um de seus atributos divinos, que é exu, aspecto propulsor que nos "empurra" num descenso vibratório para que cheguemos gradativamente às dimensões mais densas – Plano Astral

– e, a partir daí, tenhamos contato com as formas e alcancemos condições de adquirir individuação e consciência, que se darão no ciclo de reencarnações sucessivas e nos reinos mineral, vegetal e animal, que fazem parte dos diversos planetas do Universo.

Assim, nosso Ipori – centelha, chispa divina ou mônada – galga o infinito ciclo evolutivo do espírito imortal, num momento adquirindo consciência – Ori –, nos "separando" das almas-grupos e animais e nos inserindo na Lei Cósmica de causa e efeito, de ação e reação, de forma que adquirimos, finalmente, livre-arbítrio. Como uma planta nova, uma muda que sai do vaso e é plantada na terra, sofrendo, a partir daí, as intempéries do tempo, estaremos à mercê da legislação reguladora de toda a evolução cósmica, que, em justiça perfeita, estabelece a semeadura livre e a colheita obrigatória para todos nós.

Então, quando fomos criados pelo Criador, como chispas que se desgarraram de uma grande labareda, já nascemos com um núcleo central, nossa mônada, única, divina, imortal, que faz parte da gênese criativa dos espíritos. Este fulcro vibratório tem a potencialidade de Deus em estado permanente de germinação, cabendo a nós o arado do jardim e o plantio, para que um dia sejamos arquitetos siderais. Ou seja, nos diferenciamos deste Todo cósmico, mas ainda não adquirimos prontamente consciência, faltando-nos a individuação como seres pensantes independentes.

O conceito de Ori relaciona-se à consciência, condição essencial para sermos espíritos plenamente individualizados. Adquirimos um destino, o que não é determinismo, mas sim nosso propósito de vida, necessário para que nós, espíritos humanizados, completemos nosso estágio existencial evolutivo entre as reencarnações sucessivas. Em verdade, trata-se de um programa de vida detalhadamente elaborado, o que não significa, nós repetimos, determinismo inexorável, pois, se assim o fosse, seríamos como robôs com uma programação de fábrica, sem margem para utilizar o livre-arbítrio e alterar as causas geradoras de efeitos cármicos – negativos –, obtendo retornos positivos que nos libertam da inferioridade humana – darma. A cada nova encarnação, nos acompanha um plano de provas – não confundir com pecado, punição e sofrimento impostos pela cultura judaico-católica –, ocupamos um novo corpo físico e animamos mais uma personalidade transitória.

Inexoravelmente, somos impulsionados para a felicidade, e a cultura espiritualista de ter que "queimar carma" como mote de sofrimento nos parece uma distorção na interpretação das Leis Divinas decorrentes do amor. Claro está que somos responsáveis pelos nossos atos e suas consequências diante da Lei de Ação e Reação. Enquanto não aprendermos a manejá-las adequadamente, certo que também sofreremos. Entendemos que Deus não é "maniqueísta" e muito menos faz apologia ao sofrimento. Certo é que temos muito medo de sermos felizes aqui e agora pelos profundos condicionamentos subconscientes de culpas e pecados que enraizaram em nós recalques e traumas, notadamente pela exposição às religiões sentenciosas ainda existentes no mundo.

Ocorre que, nesta cosmovisão e gênese divina, antes de reencarnamos, envolve nosso Ori um *quantum* de massa primordial de um Orixá, que o sensibiliza e o diferencia a cada nova vida humana num corpo físico, renovando-se a cada reencarnação. Assim, Deus "desdobra-se" d'Ele mesmo e preenche o Cosmo com o "fluido" universal. As especificidades desta "névoa" cósmica intangível no seu rebaixamento vibratório, se assim podemos nos referir, "forma" cada um dos Orixás, que, por sua vez, são estruturantes e mantenedores de tudo que existe e é manifestado no Universo, em todas as dimensões da vida. Alegoricamente, é um "pedacinho" de um Orixá que vem "colado" em nosso Ori, como um rótulo que acompanha um frasco valioso, que contém o espírito.

Não voltamos ao acaso para ocuparmos novamente um corpo físico. No delicado e "técnico" processo de reencarnação, a partícula da massa primordial que envolve nosso Ori "vincula-se" a um propósito de vida detalhadamente planejado pelos nossos Ancestrais Ilustres, o que os esotéricos entendem como Mestres Cármicos. Uma série de atributos psicológicos que se acentuarão em nosso modo de ser terão que ser harmonizados, e, para isso, teremos que vivenciar várias experiências de superação durante uma existência humana. Objetiva-se o nosso melhoramento de caráter, e, como somos velhos egos há milênios retidos neste ciclo de ir e voltar para o lado de lá, facilmente concluímos como é difícil a mudança interna.

Ao termos atitudes que nos aproximam de nossa essência (Ori x Orixá), obtemos equilíbrio, harmonização e caminhos abertos para a realização concreta de nosso projeto de vida humana, seja ele qual for. Em contrário, quando nos afastamos de nossas aptidões inatas, consequência de ações equivocadas provocadas por nossos próprios pensamentos e instintos egoicos, geramos sérios problemas, por vezes advindo as enfermidades e a morbidez psíquica; transtornos, distonias, recalques e medos profundos que afloram de nossas sombras inconscientes. Não raras vezes, necessitamos de aconselhamento espiritual, psicológico, religioso e médico. Recorremos, de tempos em tempos, às artes oraculares divinatórias e à orientação mediúnica.

Independente da doutrina, centro ou terreiro em que buscamos nos fortalecer nos momentos de fragilidade, nunca devemos transferir responsabilidades. A conduta interna deve ser, minimamente, "alimentar" a cabeça – Ori – com bons pensamentos, sustentadores de ações de caráter elevado. Isso é prerrogativa básica para qualquer processo de busca de reequilíbrio, de cura e autocura profunda do ser.

Esquecemos facilmente que nascemos e logo vamos morrer novamente. Estamos em trânsito entre uma estação e outra, e o percurso é vencido com brevidade, não mais que 70 a 80 anos em média, o que não é nada no tempo da vida do espírito imortal. A execução profícua de nosso propósito de vida deriva fundamentalmente do equilíbrio com a nossa essência primeva, com a massa genitora que "envolve" nosso Ori.

A "caravana" dos Orixás está sempre em nossos caminhos, estradas e encruzilhadas. Como aspectos divinos imanentes e onipresentes do Criador na Terra, com força geradora, os atributos e poderes de realização dos Orixás sistematicamente nos colocam nos "trilhos" da breve existência humana. Os Orixás podem ser cultuados externamente em vários locais, pois são universais. Estas forças sagradas existem para auxiliar a humanidade. Todavia, enquanto não nos tornarmos internamente uma oferenda viva, um templo propiciatório à manifestação do sagrado, receptivo e pacificado para auferir em nós os benefícios que os Orixás nos alcançam, assim como temos que nos esforçar erguendo os braços para arrancar o fruto maduro do galho de uma árvore frondosa, não entraremos no festim da bem-aventurança, do júbilo e da plena realização individual.

Cada Orixá é uma irradiação divina provinda de uma única fonte. São diferenciados entre si; reúnem atributos e poderes curativos específicos, criados para auxiliar a humanidade. Em determinados momentos do ciclo de vida humana, com mais ou menos intensidade, interagem conosco, dependendo das experiências pelas quais estamos passando. Todavia, retornamos sempre com um Orixá "de frente" e um "adjunto", primeira e segunda forças que envolvem e se destacam em nosso Ori. Eles são decisivos em nossas vidas e formarão a coroa mediúnica dos filhos de Umbanda, por meio da qual se unirão os Guias Espirituais comprometidos com as tarefas que assumiremos no terreiro.

Se reencarnamos, é por misericórdia do Alto. Muitos são os espíritos que estão na "fila de espera" por um corpo físico. É uma dádiva, e não punição, estarmos deste lado da vida, vivenciando situações e ocorrências necessárias para nos "curarmos" das consequências de nossos próprios atos insanos do passado. Afastamo-nos do ponto de equilíbrio com as Leis Divinas, e o aqui e o agora é o percurso para diminuir a distância que nos separa de nossa própria potencialidade espiritual.

Embora cada Orixá detenha poderes curativos, somente nosso Ori nos acompanhará nas viagens longas além das marés, sem volta, além dos mares. Estamos imersos em uma dimensão vibratória que não é única, embora não enxerguemos a praia do outro lado da vida. Abrimos e fechamos portais de passagem com a consciência que angariamos. Quando desencarnamos, a morte entrega o corpo físico para a Mãe Terra, a partícula da massa genitora e primordial do Orixá que envolvia nosso Ori se "solta" e retorna ao todo do próprio Orixá, como limalha de ferro atraída por um grande imã. Por outro lado, nosso Ori continuará sempre conosco, inseparável e fortalecido a cada encarnação, se bem-sucedidos formos na execução de nosso propósito de vida, até o dia em que seremos representantes diletos dos Orixás, tal qual vaticinou o mestre dos mestres: "Somos deuses".

Cabe ressaltar que, por mais que procuremos e alcancemos ajuda externa, como a que os nossos abnegados Guias Espirituais nos brindam, só podemos melhorar se o fizermos internamente. Não conseguiremos "despachar" as ferramentas e utensílios que nos deram para a mudança íntima, e retornaremos ao arado tantas vezes quantos forem necessárias. Não é possível enterrarmos nossas sombras, que inexoravelmente são parte de nós mesmos.

O trabalho de iluminação é único e intransferível. Somos deuses em hibernação no sono letárgico das ilusões. Os Orixás nos auxiliam no despertamento, impondo-nos seus poderes de realização. O empoderamento no axé e força d'Eles se dá, impreterivelmente, com o melhoramento de nosso caráter. Só assim auferiremos a cura definitiva e a alforria espiritual que nos impulsionará a outro estado de consciência, luminoso, fraterno e universal.

7

O SENHOR DO DESTINO
O poder curativo de Orunmilá

Assim diz o mito: Orunmilá aprende o segredo da fabricação dos homens.

Obatalá reuniu os materiais necessários para a criação do homem e mandou convocar os seus irmãos Orixás.

Apenas Orunmilá compareceu.

Por isso, Obatalá o recompensou.

Permitiu que apenas ele conhecesse os segredos da construção do homem.

Revelou a Orunmilá todos os mistérios e os materiais usados na sua confecção.

Orunmilá tornou-se, assim, o Pai do segredo, da magia e do conhecimento do futuro.

Ele conhece as vontades de Obatalá e de todos os Orixás envolvidos na vida dos humanos. Somente Orunmilá sabe de que modo foi feito cada homem, que venturas e infortúnios foram usados na construção do seu destino.

•••

Seguindo instrução do espírito Ramatís, procuramos resgatar os saberes dos antigos babalaôs, Pais de Segredo da religião tradicional iorubá. Ocorre que temos um compromisso neste momento consciencial da Umbanda com a nossa ancestralidade, que nos remete à confraria dos antigos babalaôs em África, na qual Ramatís foi nosso mestre Pai de Segredo em uma encarnação passada. Já sabíamos disso há muito tempo, mas só recentemente nos autorizaram a divulgar.

Babalaô era o nome dado aos sacerdotes exclusivos de Orunmilá e aos responsáveis pelo Culto de Ifá, o método oracular divinatório sagrado que é a base da religião. Os babalaôs não entram em transe e sua função principal é a preservação dos "segredos" do Cosmo, de sua "matemática", que prevê as probabilidades de recorrências na vida humana dentro da Lei de Sincronicidade – que hoje já é descortinada pela física quântica. Ainda devem transmitir os conhecimentos de Ifá para outros iniciados e, notadamente, orientar religiosamente as suas comunidades. Nesse sentido, o babalaô é o "médico", o curandeiro e o psicólogo, um zelador da ética, e era indispensável na estrutura social da época.

O culto a Ifá é visceralmente ligado ao Orixá Orunmilá. Ifá é o método divinatório, mas é Orunmilá a divindade que dá as respostas. Ele é reconhecido como o único Orixá que fala diretamente com Olodumare (Olorum, Deus) e é testemunha da criação. Isto é, todas as nossas escolhas e o nosso propósito de vida – o que viemos fazer no mundo –, é este Orixá que "sela", autoriza, permite, sendo conhecido como o Senhor do Destino.

Notadamente, muitos espíritos que se apresentam como pretos velhos na Umbanda foram babalaôs. Para eles, os mundos natural e sobrenatural possuem uma profunda e estreita ligação. São considerados complementares entre si, como se fossem duas metades de uma mesma cabaça, coexistindo como dois grandes planos: Aiye ou Mundo Natural e Orum ou Mundo Sobrenatural. Os Orixás foram criados pelo Ser Supremo, Olurum ou Olodumare, para ajudar a humanidade e minimizar-lhe os sofrimentos, ensinando o homem a ter bom caráter. Todos se "reportam" a Orummilá, pois somente Ele é o porta-voz do Ser Supremo e "fala" diretamente com o Criador.

Muitos poderão questionar estes saberes, resgatados e reinterpretados dentro da Umbanda. Temos que deixar bem claro que Umbanda não é espiritismo, pelo contrário, nasceu de uma cisma dentro de um centro espírita ortodoxo. Ela também não deve estar "engessada" em uma única e exclusiva visão teológica, doutrinária ou mítica.

Os africanos iorubás, de onde se originou parte significativa dos nossos fundamentos, cultuavam suas divindades, os senhores da natureza, os Orixás, de acordo com seus poderes de realização junto aos homens. Temos que considerar os "caminhos" da Umbanda, que não nos conduzem ao passado. Cada coisa é substituída ou modificada no seu devido momento cósmico e de acordo com o progresso natural da vida humana e da consciência coletiva vigente. Em contrário, a Umbanda entraria em desuso e deixaria de existir.

Infelizmente, à medida que foram desaparecendo dos terreiros os velhos e genuínos babalaôs, sabedores de chaves interpretativas ativadoras dos poderes magísticos dos Orixás, se debilitou em muito a tradição, devido ao enfraquecimento da transmissão oral, e, consequentemente, fragilizou-se a preservação de fundamentos originais. Obviamente, não devemos, nem podemos fazer da Umbanda uma colcha de retalhos que se descostura facilmente por ter excesso de "misturas". A perda gradativa de linhagens iniciáticas e sucessórias deixou enfraquecida a força de interação com o mundo espiritual e estimulou, pelo canal aberto da mediunidade, a interferência de espíritos que "enxertaram" conhecimentos esdrúxulos a tal nível que, em muitos casos, a identidade da Umbanda passou a não existir, tornando-se uma seita sem raízes, um amontoado mágico degenerado que objetiva a confusão, o engodo e o aproveitamento da "inocência" das criaturas.

Embora a Umbanda seja inclusiva, devemos sempre buscar a síntese, o bom senso e a convergência saudável de saberes, sob pena de nos enfraquecermos. Hoje, no meio umbandista, nem tudo que é feito pode ser chamado de Umbanda devido ao despreparo sacerdotal e à completa falta de ética e de caráter de certos "dirigentes" de terreiro. A Umbanda não foi meramente corporificada pelo Alto tão somente para o combate à magia negativa e ao baixo umbral. Lamentavelmente, muitos irmãos de seara espiritualista tratam-nos como "faxineiros" que fazem o trabalho pesado, como se fôssemos incapazes de elaborar uma epistemologia própria, um "corpo" doutrinário independente. Conforme vai mudando o caráter da humanidade e os sortilégios, feitiços e bruxarias vão deixando de existir, o movimento umbandista vai se redescobrindo, reconstruindo-se como uma unidade aberta e dinâmica, cada vez mais com um senso comum predominante que livra os absurdos que ainda são feitos em nome de nossa religião.

Felizmente, o programa traçado pelo Alto no tocante aos desígnios da Umbanda segue o planejado e a sabedoria de Ifá, especialmente em seus aspectos éticos e psicológicos profundos, que estão sendo gradativamente adotados na religião.

Mas, afinal, o que é Ifá?

Ifá era um Sistema de Divinação, originário da cultura africana Yorubá. Embora a Divinação Sagrada de Ifá não fosse o único sistema divinatório praticado em África, ela era de longe a mais completa e confiável, tendo sido fonte e modelo para vários outros "jogos de adivinhação" que dela foram derivados por simplificação, simbiose e/ou interpretação.

Em contraste com todos os outros tipos de Adivinhação, onde ninguém ousa ou tem meios de contradizer aquilo que o Adivinho assegura "ver", a Divinação Sagrada de Ifá, que denominamos como "Sistema

Ifá", seguia um conjunto regular de normas que enquadrava o Adivinho praticante e, além disso, os seus consulentes conheciam técnicas que poderiam impedir que ele se utilizasse de conhecimentos pessoais sobre eles ou sobre assuntos de suas intimidades, não precisando os consulentes sequer revelar-lhe a natureza do problema ou anseio que os levava a buscar aconselhamento.

O Adivinho que manipulava Ifá era denominado por Babaláwo de Baba (o pai) + Li (que tem) + Áwo (o segredo), era a Autoridade Máxima no Central do sistema religioso Yorubá.

Entende-se assim a importância do Ifá para massa de fiéis Yorubá e porque qualquer desvio de seu sistema regular de normas, intentado por qualquer Babaláwo, era criticado por seus consulentes e condenado por seus colegas de confraria. Fonte: COSTA, Ivan H. Ifá – o Orixá do destino. São Paulo: Ícone Editora.

Orunmilá

Dentro da experiência que temos com Orunmilá, podemos afirmar com tranquilidade que ele é o "olho que tudo vê". Todas as ocorrências, fatos e possibilidades que estruturam a cadeia de causas e efeitos, gerando a sincronicidade matemática (não confundir com determinismo) da existência humana, estão contidos no poder volitivo deste Orixá. Todos os registros da Mente Universal, desde os elementos primordiais utilizados como "matéria" primeva para a criação, tiveram e têm a participação de Orummilá, que, em verdade, é o "dedo" do próprio Deus. Todos os segredos e mistérios da gênese da vida relacionada ao Cosmo e, especificamente, ao homem, em nossa abordagem, pertencem a este Orixá, como se ele fosse um grande arquivo metafísico. Por isso, ele é designado pelo epíteto "Senhor do Destino", pois é atributo divino que tudo sabe, como um holograma sagrado, o ponto que tudo contém e interpenetra todo o Universo.

As venturas e infortúnios pelos quais passaremos numa existência humana, para o melhoramento de nosso próprio caráter enquanto consciência em aperfeiçoamento, tem o beneplácito de Orunmilá. Antes de reencarnarmos, mesmo que a maioria de nós não o saiba, recebemos nosso programa de vida humana, a "cabaça da existência", no qual todas as experiências e aptidões que temos que trabalhar ou desenvolver estão previstas. É como se nos dessem uma graça, uma bênção para nos "curarmos", tendo a oportunidade de colher os frutos de nossa própria semeadura.

Há que se comentar que o apelo de que temos que sofrer para evoluir, tão comum na doutrina orientalista do carma e impregnado da "teologia" do sofrimento espírita, não fazia parte da cultura dos antigos Pais de Segredo. Claro está que temos possibilidades de sofrer na vida mundana, mas não renascemos num corpo físico com esse mote. Assim, retornamos por amor do Criador, e não para ficarmos presos ou sermos punidos em um planeta de provas e expiações. Pensemos que, se temos que renascer para superarmos "provas" e, assim, "expiarmos" faltas do passado, não resta dúvida que a vida é repleta de dificuldades e, de um modo geral, sem generalizar, no imaginário popular dos espíritas, é noção preponderante que temos que sofrer para evoluir.

O conceito de amor e bondade, de caráter benevolente e moral, surge – ou deveria surgir – conforme nos espiritualizamos e fortalecemos nosso Ori à luz da educação da consciência sob as Leis do Cosmo. Temos o livre-arbítrio, que é muito mais amplo que o mero poder de escolha e nos acompanha como "procuração" com amplos poderes de semeadura, sendo a colheita obrigatória.

Desde que adquirimos o primeiro lapso de consciência, possuímos o direito de uso do livre-arbítrio, que, infelizmente, pelo nosso primarismo egoico, pode nos aprisionar em nós mesmos. Estamos querendo dizer que nem sempre o livre-arbítrio nos conduz a desenvolver um bom caráter, o que, por vezes, "arruina" nosso destino em uma encarnação, enredando-nos na teia cármica retificativa que nos coloca no prumo forçosamente, doa a quem doer, eis que não existem privilegiados para Deus. Todas as nossas ações, norteadas pelo livre-arbítrio, ocasionam consequências boas ou más em nosso destino, que é costurado a cada segundo de nossa existência, sem determinismo rígido, pois somos frutos de nossas próprias opções.

Certo que o nosso direito de ação vai até onde não afetemos o direito do outro. A filosofia dos babalaôs, sacerdotes do culto a Orunmilá, norteia-se por um processo profundo de autoconhecimento psicológico, em que cada um procura descobrir em si suas potencialidades divinas "adormecidas" para que nos tornemos melhores cidadãos, homens e mulheres de bom caráter, espíritos amorosos e conscientes das Leis Divinas. Infelizmente, muitos médiuns e zeladores de axé buscam na fé dos outros e na confiança que depositam neles como condutores de almas o mero ganho financeiro, riquezas, reconhecimento, elogios e pompas, criando em suas comunidades – terreiros – um verdadeiro escambo espiritual, que nada tem a ver com o sagrado.

eo qual pedimos e aceitamos de joelhos. Nosso próprio Ori não o permitirá, e, acima dele, só Deus – Oludumare.

8

O FIEL EXECUTOR DO DESTINO
O poder curativo de Exu

Assim diz o mito: Exu torna-se o amigo predileto de Orunmilá.

Como se explica a grande amizade entre Orunmilá e Exu, visto que eles são opostos em vários aspectos?

Orunmilá, filho mais velho de Olorun, foi quem trouxe aos humanos o conhecimento do destino pelos búzios. Exu, pelo contrário, sempre se esforçou para criar mal-entendidos e rupturas, tanto entre os humanos quanto entre os Orixás. Orunmilá era calmo, e Exu, quente como o fogo.

Mediante o uso de conchas adivinhas, Orunmilá revelava aos homens as intenções do supremo Deus Olorun e os significados do destino. Orunmilá aplainava os caminhos para os humanos, enquanto Exu os emboscava na estrada e tornava incertas todas as coisas. O caráter de Orunmilá era o destino, o de Exu era o acidente. Mesmo assim ficaram amigos íntimos.

Uma vez, Orunmilá viajou com alguns acompanhantes. Os homens de seu séquito não levavam nada, mas Orunmilá portava uma sacola na qual guardava o tabuleiro e os obis que usava para ler o futuro. Mas, na comitiva de Orunmilá, muitos tinham inveja dele e desejavam apoderar-se de sua sacola de adivinhação. Um deles, mostrando-se muito gentil, ofereceu-se para carregar a sacola de Orunmilá. Outro também se dispôs à mesma tarefa, e eles discutiram sobre quem deveria carregar a tal sacola, até que Orunmilá encerrou o assunto dizendo: "Eu não estou cansado. Eu mesmo carrego a sacola".

Quando Orunmilá chegou em casa, refletiu sobre o incidente e quis saber quem realmente agira como um amigo de fato. Pensou então num plano para descobrir os falsos amigos. Enviou mensagens com a notícia de que havia morrido e escondeu-se atrás da casa, onde não podia ser visto. E lá Orunmilá esperou.

Depois de um tempo, um de seus acompanhantes veio expressar seu pesar. O homem lamentou o acontecido, dizendo ter sido um grande amigo de Orunmilá e que muitas vezes o ajudara com dinheiro. Disse ainda que, por gratidão, Orunmilá lhe teria deixado seus instrumentos de adivinhar. A esposa de Orunmilá pareceu compreendê-lo, mas disse que a sacola havia desaparecido. E o homem foi embora frustrado.

Outro homem veio chorando, com artimanha, pediu a mesma coisa e também foi embora desapontado. E, assim, todos os que vieram fizeram o mesmo pedido. Até que Exu chegou. Ele também lamentou profundamente a morte do suposto amigo, mas disse que a tristeza maior seria da esposa, que não teria mais pra quem cozinhar. Ela concordou e perguntou se Orunmilá não lhe devia nada. Exu disse que não. A esposa de Orunmilá persistiu, perguntando se Exu não queria a parafernália de adivinhação. Exu negou outra vez. Aí Orunmilá entrou na sala, dizendo: "Exu, tu és, sim, meu verdadeiro amigo!".

Depois disso, nunca existiram amigos tão íntimos como Exu e Orunmilá.

Mais uma vez enfatizamos que as narrativas dos antigos babalaôs, que se perpetuaram no tempo e se mantiveram vivas no imaginário, passando de pai para filho, de boca a orelha – oralidade –, que hoje são lendas e mitos do corpo literário de Ifá, pesquisadas e anotadas nos registros etnográficos de vários acadêmicos, foram elaboradas numa linguagem de efeito "espelho"; aproxima os saberes do Plano Espiritual metafísico, que o iniciado domina, ao entendimento do homem comum físico, transformando divindades em personagens humanas, numa linguagem repleta de simbolismos, significantes e significados que devem ser interpretados como metáforas.

•••

Por que Exu é o grande amigo de Orunmilá se, em muitos aspectos, eles são opostos?

Primeiramente, é importante deixarmos claro que Orunmilá não se comunica diretamente com os homens; o faz "usando" o babalaô em Terra através do método oracular de Ifá, e quem traz e leva as mensagens é Exu. Ou seja, existe uma interdependência entre os dois, crucial à manutenção de todo o sistema de comunicação entre Orum (espiritual) e Aiyê (terra). Assim, se um deles se ausentar, cessa a conexão entre esses dois planos. Isso não vale somente para o oráculo, serve para todo o intercâmbio mediúnico, energético e vibracional, e, não por acaso, tem um aforismo popularizado na Umbanda, que diz que "sem Exu, nada se faz".

Orunmilá é o responsável por comunicar o plano de vida a cada consciência (Ori) reencarnante. Ele o planeja, o arquiteta, em conformidade com as Leis Cósmicas e a "matemática" das causas e efeitos em que estamos imersos pela sincronicidade universal. Todavia, Orunmilá não é o executor do planejado e arquitetado, assim como o engenheiro e o arquiteto não são o mestre de obras que fiscaliza a execução do edifício. Cabe a Exu o atributo divino de ser o executor dos planos de vida individuais e coletivos das humanas criaturas, "doa a quem doer", pois Exu é fiel aos ditames de Orummilá e, naturalmente, aos desígnios do Criador – Olodumare.

Exu também é o senhor dos caminhos abertos, transmite a sabedoria e o conhecimento necessários à realização de um bom destino na ampla existência humana na Terra (Ayê) e espiritual no Plano Astral (Orum). Por isso, é aquele que "abre" os caminhos para quem recorre a ele em busca de alívio para as suas dores e sofrimentos, quando está desorientado e confuso, com fraco senso de direção.

Há que se considerar que Exu abre os caminhos, mas não os cria. Os caminhos foram criados antes de o espírito reencarnar e pertencem ao seu programa de vida, à cabaça da existência individual. Ou seja, Exu abre e mostra os caminhos, mas não dá os passos por ninguém, pois cada um deve aprender a caminhar com seus próprios pés. Logo, Exu não facilita nem prejudica, ele "simplesmente" é executor do destino.

É importante salientar que as mudanças na vida dependem principalmente de cada indivíduo, que deve ter, antes de tudo, disposição para mudar. Ao se receber a orientação de uma entidade que trabalha como exu em um terreiro de Umbanda, certas oferendas e/ou preceitos recomendados promovem alterações energéticas favoráveis à ampliação da consciência, fator indispensável para a promoção das mudanças de atitudes e condutas necessárias ao reequilíbrio do ser. Todavia, somente por meio de esforços pessoais decorre a possibilidade de se modificar e resolver definitivamente conflitos e sofrimentos, sejam eles quais forem.

A real ação de Exu nas vidas humanas

A influência de Exu em nossas vidas, não raras vezes, nos causa mal-entendidos. O contraditório se estabelece em situações de conflitos, de enfrentamentos, nas quais somos obrigados a rever nossos pontos de vista, flexibilizar posições e ceder para a reconciliação. Os imprevistos acontecem, como uma pedra que foi jogada para o alto ontem e hoje cai em nossa cabeça, assim como Exu faz o torto endireitar e o direito entortar.

A atuação atemporal de Exu nos "cobra" agora, como agente aplicador da lei, o que fizemos ontem numa existência, e, se não for possível uma vida melhor na presente encarnação, que seja no futuro, eis que o porvir a Deus pertence. Quantas vezes "cai uma pedra" em nossas cabeças e não sabemos os motivos, lamuriando-nos frente aos obstáculos da vida? No mais das vezes, esquecemos facilmente o que de ruim fazemos aos outros nesta encarnação. Estamos enredados em finas cordas invisíveis, que vibram conforme as movimentamos, independentemente da noção maniqueísta de bem ou mal.

A popularizada "ambiguidade" de Exu é só aparente. Um "torto" de consciência endireita-se numa reencarnação e, ao mesmo tempo, um que "desceu" com direitos para o corpo físico se entorta e volta com deveres a haver. Tal é a Lei Divina em sua impessoalidade – equânime a todos pelo amor do Criador, que estabelece o livre -arbítrio e a liberdade de semeadura –, e lá está Exu, executando-a e retificando-nos a colheita obrigatória, nos catapultando inexoravelmente à evolução, com o "tridente" nos espetando para frente entre as "labaredas" da existência carnal.

A força e o poder de realização do Orixá Exu criam "rupturas" em nossos equívocos, posturas cristalizadas e conceitos distorcidos. Inclusive, sendo os "Orixás" personagens humanas nessas narrativas, eles também estão sob o influxo retificativo da inexorável e persistente ação de Exu. O seu dinamismo peculiar é "desestabilizador" e, sem ele, tudo seria estático no Cosmo.

É preciso entender que Exu causa "rupturas", descontinuidades e recomeços quanto estamos afastados da busca pelo aprimoramento interno, nos distanciando de nossa essência divina, de forma que precisamos receber um "chacoalhão" para despertarmos.

A natureza de Exu que se manifesta nas humanas criaturas implica o aprimoramento de qualidades inerentes a ele: ordem, disciplina, organização, paciência, perseverança, bom senso, discernimento, responsabilidade, confiança, justiça e comprometimento, permeadas pela alegria de existir, a felicidade. Assim, é lamentável que escutemos histórias de Exu recebendo ordens para que "destrua" algo ou alguém, fulano ou sicrano, mandado por beltrano, se a sua essência primordial é o equilíbrio de todo o sistema cósmico propiciatório à existência da vida em amplas perspectivas de melhoramento íntimo, polindo o caráter, impulsionando-nos à evolução constante e ao "retorno" aos atributos divinos do Criador, fazendo a ligação com todos os Orixás. Não por acaso, Jesus vaticinou-nos referindo-se à nossa condição de seres imortais: "vós sois deuses". E arrematou: "Podeis fazer o que faço e muito mais".

Há que se esclarecer que Exu zela por valores éticos e reconhece o poder de melhoramento dos seres humanos. Todavia, apoia e favorece as mudanças pessoais, indispensáveis à prática de virtudes que alicerçam o bom caráter. Quando isso está ausente, Exu não aprecia e não apoia, pois a indisciplina e a desorganização não fazem parte de sua ação. Ao contrário, ele retifica, faz a sombra vir à tona para o indivíduo se aprumar, mesmo que aparentemente isso possa parecer maldoso, pois Exu, acima de tudo, é justo, doa a quem doer. Ele é o mensageiro atemporal, em sincronicidade, transita em nosso passado, influenciando o presente, para termos um aqui e agora melhor e uma boa colheita no futuro.

Exu é nosso cúmplice, amigo fiel quando estamos nos esforçando— para melhorar intimamente. Em contrário, fantasias mirabolantes, aspirações de soluções mágicas sem esforço individual, desejo ardiloso de ganho fácil, se aproveitando da inocência dos outros, isso tudo não atrai a ação cósmica de Exu, afastando-o. O compromisso e a responsabilidade que cada um deve ter para consigo mesmo passa por um comportamento minimamente adequado no campo da ética, que orienta a ação de Exu.

Antes de reencarnarmos, nos são revelados as intenções e objetivos de nosso propósito de vida e o que temos que melhorar durante a experiência terrena, ocupando novamente um corpo físico. Nossos caminhos são "aplainados", e os significados que nos reserva o destino (não confundamos com determinismo) nos são revelados antes de reencarnarmos. É naquele momento único que o nosso Ori – inconsciente profundo – nos esclarece o que precisamos fazer para nos reformarmos e nos redimirmos por nossos próprios erros.

Toda vez que fugimos do percurso, Exu nos arma "emboscadas" para que retornemos à estrada certa de nosso roteiro de viagem. Estes "acidentes" ocorrem porque somos infiéis aos compromissos que assumimos do lado de lá. Trazemos atavismos e impulsos inferiores do ego milenar, que nos trai, e nos iludimos com o mundo, nos esquecemos do que pactuamos com nosso próprio Ori.

Exu cumpre fielmente as diretrizes organizadoras do macrocosmo universal e do microcosmo humano, implacavelmente, podendo se tornar "ambíguo" na nossa limitada compreensão. De uma maneira geral, somos invejosos, falsos, cheios de artimanhas e interesses em adquirir facilidades terrenas, num dissimulado e hipócrita senso de superioridade em relação aos outros.

Exu é verdadeiro amigo de todos nós. Não dissimula. É valoroso e fiel ao nosso propósito de vida e às experiências que temos que vivenciar para o melhoramento do caráter. A fidelidade de Exu o faz incorruptível e guardião da encruzilhada na frente da casa de Oxalá – a passagem entre a vida e a morte exige que prestemos contas de nossos atos.

Exu respeita nosso Ori e tudo faz dentro da Lei Divina para o "polimento" individual e coletivo da humanidade. Exu faz a pedra bruta se transformar em diamante sob a quentura da ação do esmeril.

Laroiê!!!

As curas de seu tranca ruas
São de uma beleza rara
Seu tranca ruas começa
Onde a medicina para
É um fato consumado
Que ninguém mais ignora
Para o senhor tranca ruas
O câncer virou catapora

Seu Tranca Ruas é uma beleza
Eu nunca vi um exu assim
Seu Tranca Ruas é uma beleza
Ele é madeira que não dá cupim!

9

O PAI DA HUMANIDADE
O poder curativo de Oxalá

Assim diz o mito: Oxalá provoca a inveja e é feito em mil pedaços.

Oxalá foi ao mercado e comprou um escravo. Pôs o escravo para trabalhar em sua terra. O escravo trabalhou duro e a terra floresceu. Então o Orixá Oxalá ficou muito feliz. Todos ficaram com inveja da plantação de Oxalá.

Um dia, Oxalá estava caminhando por suas terras quando o escravo, subornado pelos invejosos, rolou uma imensa pedra sobre ele e o esmagou. A pedra esmagou Oxalá e seu corpo foi feito em mil pedaços.

Olorum viu tudo isso e, descontente, mandou Exu recolher os mil pedaços de Oxalá. Exu recolheu de Oxalá todos os pedaços que encontrou, mas não pôde encontrar todas as partes. Levou o que pôde a Olorum, e Olorum juntou os pedaços e de novo deu vida a Oxalá.

Mas Exu não pôde de fato encontrar todas as partes, pois muitas delas se perderam longe, muito longe. Por isso, dizem:

Oxalá está espalhado pelo mundo inteiro.

Oxalá está em todo lugar.

•••

O enredo dessa narrativa mítica foi construído dentro do contexto da época, quando a economia se sustentava por meio de comunidades agrícolas. Era necessário trabalhar duro na terra para que houvesse prosperidade, boa semeadura, esforço do lavrador e colheita abundante. Era comum adquirirem-se escravos no mercado, local onde tudo acontecia e se sabia de tudo. O resultado final do plantio era exposto neste centro de comércio, que, pela dinâmica social, era ponto de encontro, onde todos acabavam se conhecendo. Sob muitos aspectos, o "mercado", com seus encantos e desencantos, era um espelho da vida humana.

Considerando que todos tinham que trabalhar (arar a terra) e investir em capacitação para o futuro (plantio), objetivando a estabilidade (boa colheita), os que eram bem-sucedidos acabavam sendo alvo de inveja. É interessante observar que, em décadas de experiência com a assistência que frequenta o terreiro de Umbanda, não lembramos de alguém ter dito que era invejoso. No entanto, impressiona o fato de que todos nós somos alvo de inveja, sempre somos invejados. Constata-se a presunção que prepondera, pois, se somos invejados, é porque presumimos que temos algo que o outro não tem, sentimo-nos superiores. Falta de humildade, dado que jamais admitimos sentir inveja. Não por acaso, o "escravo" é o invejoso, que atrai a cobiça de ter o que o outro tem e é incapaz de o conseguir por seus próprios esforços e talentos. Em verdade, escraviza a si mesmo.

Vivemos numa sociedade competitiva, em que os valores éticos, no mais das vezes, são desconsiderados, se é que existem. Quantos procuram, por inveja e cobiça, os aviltantes trabalhos pagos, de baixa magia, mercadejando com médiuns imorais que sintonizam com espíritos do Astral inferior, sedentos de reconhecimento e prontos para atender aos pedidos para conseguir o emprego do outro, tirar adversários do caminho, abafar um concorrente, adoçar um chefe exigente ou atrair um amor para quem não se ama?

É comum centros de Umbanda serem procurados por indivíduos que desejam literalmente subornar os médiuns e "suas" entidades para angariar facilidades. Em verdade e infelizmente, uma grande parte ainda consegue atingir seus objetivos nefastos em terreiros aéticos, simbolicamente como a pedra que rolou e esmagou Oxalá, dividindo seu corpo em mil pedaços.

Esquecemos facilmente que Olorum tudo vê, e Exu, o grande organizador do caos, executor dos destinos, mensageiro e guardião das encruzilhadas e da ética de Oxalá, está sempre a postos para corrigir nossos desacertos, por vezes arrumando o que destruímos em nossa loucura pelo poder, reconhecimento, vaidade e ciúmes.

Afinal, o que é Oxalá e quais os seus poderes de realização e de cura?

Se pudéssemos definir o atributo principal de Oxalá em uma palavra, seria "fé". Assim como Oxalá teve seus pedaços juntados por Olorum e foi "ressuscitado", simbolizando a união e a não separatividade do Divino, para que a força do Orixá seja realizadora, nós também precisamos nos reunir com nossa essência divina interna. Temos que despertar a fé, que consiste na firme convicção e profunda experiência psíquica de redescobrirmos que, em nosso íntimo ser, "mora" a perfeita saúde e "santidade", nosso verdadeiro Eu, que é o espírito de Deus que em nós habita. A íntima essência humana, nossa centelha espiritual, é idêntica ao princípio do Criador.

O poder de cura de Oxalá consiste em conciliar o ego (persona) externo com a harmonia do Eu interno. Para isso, é necessário que eu viva integralmente esse processo de harmonização, essa profunda vivência ao encontro do meu Ori e do meu propósito de vida. Esta receptividade e disposição psicológica se chama fé, e é despertada pelo poder de realização de Oxalá. Não uma fé teórica e intelectual, não uma fé raciocinada. Trata-se de uma fé prática e plenamente vivida pela ética (ação) que germina e faz nascer o carisma do autoconhecimento. Este despertamento interno, ao qual Jesus se referia ao dizer "vós sois deuses", uma vez completo, conduz à autorrealização do homem, à ruptura com o ego, que faz irromper o verdadeiro Eu divino.

A reunificação de Oxalá, ainda que "pedaços" seus tenham ficado por todos os locais, significa que a verdadeira natureza do homem não é separada do Todo cósmico – "Eu e o Pai somos um". O papel separatista cabe ao ego e às suas armadilhas, com suas máscaras e falsidades, que alimentam um falso eu, ilusório e enraizado no mau caráter. Enquanto o ego se mantiver na ilusão e na prepotência e formos vítimas de nós mesmos, não estaremos focalizados no Eu Sou, na unificação com a nossa essência divina.

Todas as narrativas míticas da cosmogonia com os Orixás registram a criação do planeta com a participação direta de Oxalá. Não há consenso se ele foi o primeiro Orixá concebido por Olorum. Ocorre que uma vertente de pesquisadores e religiosos entende que Oxalá sempre existiu "dentro" de Deus, ou seja, é inerente e contido no próprio Criador. Assim, ele só expressou-se fora do "corpo" de Olorum – Deus. Outros afirmam que foi Exu o primeiro Orixá criado, logo depois de Oxalá "sair" do Imanifesto e manifestar-se no plano das primeiras formas. Exu seria o mensageiro, comunicador, mediador e organizador do sistema cósmico, levando Oxalá a todas as dimensões, conforme o mito em que o "corpo" de Oxalá é fracionado, assim se fazendo presente em todos os planos do Orum.

Para nós, importa que, indiscutivelmente, Oxalá foi encarregado por Olorum de criar nosso planeta (alguns até dizem que foi o

Universo) e todos os seus habitantes. Assim, Oxalá é símbolo da própria criação, conforme as narrativas míticas visceralmente relacionadas à "fabricação" do homem..

Dessa forma, Oxalá é o pai da humanidade, partícipe da gênese divina e síntese do poder genitor masculino, fazendo par com Iemanjá, atributo sagrado feminino de gestação e nascimento. Não por acaso, o esperma é branco, e essa é a cor representativa desse Orixá no microcosmo humano. Oxalá é o grande Orixá da brancura, pois o branco contém todas as demais cores. Da sua força dependem todos os seres que habitam a psicosfera terrena, encarnados e desencarnados. Ele simboliza a brancura do indeterminado, logo, todos os começos e possibilidades de realizações.

No macrocosmo, nos primórdios da origem dos mundos manifestados na forma, pairava uma massa plástica (moldável pela vontade divina) etéreo-astral "esbranquiçada". A partir da sua "manipulação" junto aos primeiros elementos químicos formados e condensados a partir desta massa primordial rarefeita, o poder volitivo desse Orixá estabeleceu condições propiciatórias básicas ao futuro surgimento da vida humana, criando o ar e a água.

O nome Oxalá é consequência da contração de Orisà nlà, que significa "Deus Grande". Notadamente no Brasil, pelo sincretismo de Oxalá com Jesus, ganhou enorme força esse Orixá por dentro das "umbandas". É raríssimo ver um altar – congá –, existente nas centenas de milhares de terreiros, sem uma imagem do Cristo-Oxalá. É interessante observarmos que, entre os africanos da etnia iorubana, Oxalá é o marco referencial máximo de ética e moral, modelo de caráter a ser seguido pelos homens, assim como Jesus o é para os cristãos de todas as religiões, incluindo-se, obviamente, a Umbanda. A "partição" do corpo de Oxalá e, depois, a sua reanimação para a vida se aproxima do flagelo do corpo de Jesus, que foi açoitado e crucificado, "ressuscitando" ao terceiro dia.

O poder de realização e de cura de Oxalá é onipresente, está em todos os locais do Cosmo, e é imanente, localiza-se dentro de cada um de nós. Afinal, fomos criados à imagem e semelhança do Criador. Assim, somos destinados ao amadurecimento anímico e consciencial. Esta ampla morada que é o nosso planeta, com alimentos e "riquezas" para todos os homens, nos oferece um Sol magnífico, que ilumina igualmente nossas cabeças; impreterivelmente, todos recebem sua luz. Todavia, esquecemos que todos nós fazemos sombra a partir desta mesma luz. Temos um lado sombra que ainda não está na frequência de Oxalá, formado e gerado por nosso egoísmo, inveja, falta de caráter, ambição, desonestidade, corrupção.

Quantas reencarnações e ciclos de vida humanos precisarão ser vividos para adquirirmos estabilidade emocional e caráter elevado? Quando teremos a consciência enfeixada com o poder cósmico deste Orixá do Manto Branco, frenando em nós nossos apelos inferiores, que nos aprisionam nos enredos de sofrimento e dor, afastando-nos da fonte universal de abundância e prosperidade?

Assim como Jesus foi traído pela inveja e pela cobiça, o mito de Oxalá retrata o ser humano egoico que ainda prepondera no planeta, dividido e separado de sua própria essência divina.

Oxalá, meu Pai
Oxalá, meu Pai
Quem é seu filho de fé
Balanceia, mas não cai.

Estrela de Oxalá brilhou, brilhou
Estrela de Oxalá no jacutá chegou

10

A MÃE DA HUMANIDADE
O poder curativo de Iemanjá

Assim diz o mito: Iemanjá ajuda Olodumare na criação do mundo.

Olodumare vivia só no Infinito, cercado apenas de fogo, chamas e vapores, onde quase nem podia caminhar. Cansado desse seu universo tenebroso, cansado de não ter com quem falar, cansado de não ter com quem brigar, decidiu pôr fim àquela situação. Libertou as suas forças e a violência delas fez jorrar uma tormenta de águas.

As águas debateram-se com rochas que nasceram e abriram no chão profundas e grandes cavidades. A água encheu fendas ocas, criando os mares e oceanos, cujas profundezas Olorum foi habitar.

Do que sobrou da inundação se fez a Terra.

Na superfície do mar, junto à terra, ali tomou seu reino Iemanjá, com suas algas e estrelas-do-mar, peixes, corais, conchas, madre-pérolas. Ali nasceu Iemanjá em prata e azul, coroada pelo arco-íris de Oxumaré.

Olodumare e Iemanjá, a mãe dos Orixás, dominaram o fogo no fundo da Terra e o entregaram ao poder de Aganju, o mestre dos vulcões, por onde ainda respira o fogo aprisionado. O fogo que se consumia na superfície do mundo, eles apagaram, e, com suas cinzas, fertilizaram os campos, propiciando o nascimento das ervas, frutos, árvores, bosques, florestas, que foram deixados aos cuidados de Ossaim.

Nos lugares onde as cinzas foram escassas, nasceram os pântanos, e, nos pântanos, a peste, que foi doada pela mãe dos Orixás ao filho Omulu.

Iemanjá encantou-se com a Terra e a enfeitou com rios, cascatas e lagoas. Assim surgiu Oxum, dona das águas doces.

Quando tudo estava feito e cada natureza se encontrava na posse de um dos filhos de Iemanjá, Oxalá, respondendo diretamente às ordens de Olorum, criou o ser humano para povoar a Terra. E os Orixás pelos humanos foram celebrados.

●●●

O Cosmo não teria sentido se Deus vivesse "só" no Infinito. Os elementos constitutivos do Universo, por vezes inóspitos aos humanos, são gregários e têm por objetivo superior gerar a vida. A mente cósmica está em constante renovação e incessante criação de novos espíritos, que "caminharão" inexoravelmente rumo à individualização, assim como a areia da praia é formada por incontáveis grãos. A essência divina que preenche tudo o que existe é fundamentalmente "socializante" – se relaciona, dialoga, interage e é puro amor.

Os poderes de realização dos Orixás são forças interagindo constantemente com a natureza. Em verdade, lhes são inerentes, assim como os dedos fazem parte das mãos. No panteão das divindades que compunham o imaginário dos adeptos, existiam centenas de Orixás cultuados e que explicavam a gênese do homem e o surgimento da vida no planeta.

Olorum, como força da natureza, é simbolizado pelo mar profundo e é o verdadeiro dono de sua fundura, onde ninguém jamais esteve. Representa os segredos das profundidades oceânicas e figurativamente nos remete ao desconhecido inconsciente, "local" onde se encontram arquivados os nossos registros de memória de vidas passadas com todas as nossas experiências.

É preciso considerar que, com a vinda de sacerdotes africanos para o Brasil, houve sincretismos entre os Orixás. Iemanjá absorveu os atributos de Olorum e, hoje, esta divindade primeva tem pouca ou nenhuma identificação entre os fiéis. Não se trata de fusão de diferentes cultos ou doutrinas religiosas, com reinterpretação de seus elementos constitutivos, mas fusão de "divindades" dentro de um mesmo panteão cultuado. Importa a manutenção dos atributos originais no elemento "sincretizado". No Brasil, Iemanjá trouxe para si as profundezas dos mares de Olorum e deixou de ser louvada somente nas superfícies (ondas) junto à terra.

Em nosso país, Aganju é considerado uma qualidade de Xangô, embora originalmente seja independente deste. Aganju seria o Orixá da terra "rude", senhor dos vulcões e das cavernas. É a força divina que nos impulsiona ao desconhecido, aos locais inexplorados e inacessíveis. Pode ser traduzido como Agan – "estéril" – e ju – "deserto" –, ou mais especificamente, como local desconhecido e desabitado. Ele nos conduz à compreensão do psiquismo humano, às "couraças" do ego, represadas e mal resolvidas nas profundezas desconhecidas do inconsciente. Provoca emoções "quentes", perigosas, instáveis e intensas, por vezes incontroláveis, tal qual o vulcão em erupção.

Enquanto não aprendermos a canalizar e redirecionar positivamente o que sentimos, e não simplesmente reprimir os sentimentos, seremos crianças que se "perdem" numa imensa selva de possibilidades de nos melhorarmos. As emoções em estado bruto, que brotam de nossas profundezas atávicas e grosseiras, podem ser aberturas para novas interpretações e realizações, "cavernas" psíquicas ainda inexploradas e até inesperadas. Para tanto, temos que "quebrar" padrões de comportamentos cristalizados por medo de julgamentos externos e necessidade de aprovação dos outros. Ocorre que nos preocupamos excessivamente com as aparências, com o externo, e nos ocupamos pouco em arar a terra de nosso jardim interno. Tornamo-nos terra seca, nos desequilibramos e adoecemos da alma e do corpo.

Quando da união dos arquétipos dos elementos primordiais (ar, terra, fogo e água), quando tudo estava feito e cada Orixá se encontrava "possuído" pela natureza criada, Oxalá, respondendo diretamente às ordens de Olorum, cria o ser humano.

A significação dos mitos de Oxalá fica mais compreensível e nítida quando estudada juntamente com os mitos de Iemanjá. Em muitos enredos, esses dois Orixás estão juntos na Gênese Divina. Ambos representam, respectivamente, o ar e as águas de origem, nos primórdios da criação. Enquanto Oxalá é síntese do poder genitor masculino, Iemanjá representa o poder genitor feminino. Por isso, Iemanjá é a mãe da humanidade.

Fomos criados e "alojados" num corpo fisiológico, que possibilitou a vida na dimensão terrena. **Somos seres humanos, mas quando seremos consciências humanistas?**

Esse mito é muito simbólico. O fogo de nossas emoções ainda incendeia nossas paixões de cobiça, vaidade, inveja, ciúme, traição, mantendo-nos seres instintivos e egoístas, consciências primárias e, não raras vezes, desumanas.

Nossos registros inconscientes de experiências de encarnações passadas estão repletos de vivências traumáticas, emoções e sentimentos disfarçados e reprimidos ao longo de eras históricas com valores morais hipócritas. O poder de cura e de realização da "mãe da humanidade", Iemanjá, faz com que reguemos com água límpida nossos vulcões internos, diminuindo e apagando as labaredas que jazem em nosso inconsciente, as chispas que esquentam o nosso velho e teimoso ego, que nos impede de caminhar rumo às estrelas, nos levando à plena realização do propósito da vida humana, que é melhorarmos nosso combalido caráter.

Yemanjá
Você é o meu tesouro
Sua coroa é de conchas
Seu poder vale ouro
Ô canta, mãe sereia
Ô canta, sereia
Pescador quando ouvir
Vai se encantar
Odóia, odóciaba
O mar é sua casa
Hoje eu vim lhe visitar
Odóia, odóciaba
Seu poder é infinito
Ele veio de Oxalá

11

O SENHOR DOS CAMINHOS
O poder curativo de Ogum

Assim diz o mito: Ogum recusa a coroa de Ifé.

Quando o mundo era apenas um charco,
Ogum costumava descer do céu pelas teias de aranha
Sempre que vinha aqui caçar.
Mais tarde, nesse mesmo lugar, Oxalá criou a terra
e desceu com os outros Orixás ao novo mundo para completar
a Criação.
Oxalá, porém, tinha dificuldade de andar na densa floresta,
Pois seus instrumentos de bronze não cortavam o mato.
Somente Ogum tinha um instrumento de ferro
capaz de abater as árvores e moitas e abrir caminho.
A pedido dos Orixás, que lhe prometeram recompensa,
concordou em ajudar Oxalá.
Por isso, quando eles construíram a cidade de Ifé,
ofereceram a coroa a Ogum.
Mas Ogum a recusou, pois não desejava ter súditos.

Não queria governar, preferindo caçar e guerrear.
Por muito tempo viveu sozinho no alto de uma colina,
de onde podia vigiar a terra e observar suas presas.
Quando, finalmente, desceu à cidade para visitar os Orixás,
eles não o receberam,
porque suas roupas estavam manchadas de sangue.
Desgostoso, tirou suas roupas sujas,
vestiu-se com folhas novas de palmeira
e foi viver sozinho,
nunca permanecendo muito num mesmo lugar,
sempre a caminhar pelas estradas.

• • •

Assim diz o mito: Bará aprende a trabalhar com Ogum.

Bará era um menino muito esperto. Todo mundo tinha receio de suas artimanhas.

Ele enganava todo mundo, queria sempre tirar sua vantagem. Sua mãe sempre o repreendia e o amarrava no portão da casa pra ele não ir à rua fazer suas traquinagens. Bará ficava ali, na porta, na entrada, esperando alguém se aproximar, e então pedia seus favores, fazia suas artes e ali se divertia. Só deixava passar quem lhe desse alguma coisa.

Sua mãe, então, chamou Ogum e disse a ele para ficar junto de Bará e dele tomar conta.

Ogum era responsável e trabalhador. Ogum Avagã ficou morando com Bará. Juntos eles moraram na porta da casa e se davam bem.

Bará continuou um menino danado, mas, com Ogum, aprendeu a trabalhar. Agora ele ainda se diverte com todos, mas para todos faz seu trabalho. Todos procuram Bará para alguma coisa. Todo mundo precisa dos favores de Bará.

••

As narrativas míticas referem-se repetidamente à criação da Terra, quando os elementos estavam se acomodando e ainda não eram propiciatórios à manutenção da vida humana. Os Orixás são interdependentes, e suas ações, decorrentes dos seus poderes de realização, somam-se reciprocamente, ou seja, nunca agem sós. Nesses tempos míticos, Ogum já vinha à frente, abrindo os caminhos para os demais Orixás.

É oportuno observarmos que, nas sociedades descritas nessas narrativas, a caça era muito importante e crucial ao provimento alimentar. Obviamente, os exímios caçadores eram admirados. O problema é   que nem todos tinham as mesmas condições de caçar devido ao biótipo, idade, velhice, gravidez... O alimento era visto como propriedade e sinal de riqueza, fossem os caçados ou plantados e colhidos em atividades agrícolas, não necessariamente apenas extrativistas.

Ogum é um exímio caçador e ensinou a Oxossi essa arte, embora no Brasil seja mais cultuado como guerreiro. Certos mitos ainda o apresentam como herói civilizador, pois inventou a metalurgia, que revolucionou o trabalho braçal nos campos. Ogum abre os caminhos para os caminhantes andarem, cortando cipós e matos para abrir picadas na floresta. É Orixá pioneiro, inventou a enxada que trabalha a terra, as serras e os formões que talham a madeira. Nunca permanece por muito tempo num mesmo lugar, assim como Iansã, se relacionando com todos os demais Orixás.

O arquétipo de Ogum está vinculado à vontade – sem ela, nada fazemos. Os problemas acontecem em nossas vidas quando a nossa vontade não tem o direcionamento adequado e atiça os desejos, cegando a razão, que discerne as consequências dos atos praticados. Temos que ter equilíbrio entre as nossas forças internas e os relacionamentos externos.

Notadamente, Exu é muito próximo de Ogum, pois ambos têm atributos semelhantes. Se Ogum abre as estradas para caminharmos, Exu está nas encruzilhadas, permitindo ou não a passagem, fechando ou abrindo os caminhos, em conformidade com nosso merecimento de prosseguir ou não. Se Ogum é o senhor dos caminhos, Exu é o executor do destino e senhor das passagens. No mito "Bará aprende a trabalhar com Ogum", fica clara a sólida união desses dois Orixás.

Há que se considerar que, originalmente, Bará não é epíteto de Exu. Não deve ser confundido com Obara, ou "exu do corpo", consagrado nas religiões afro-brasileiras e Umbanda Esotérica, conceito segundo o qual "Bará do corpo" seria uma "qualidade de exu" que existiria dentro do indivíduo reencarnado, que lhe daria movimento e vida, seria responsável pela comunicação da pessoa com o mundo exterior e propiciaria à sua consciência a noção de "estar vivo", sendo que sua ausência significaria a morte ou a impossibilidade de reencarnação.

Em verdade, Bará é uma corruptela de Elegbará, um vodum, divindade jejê correspondente ao Orixá Exu dos Iorubás, procedente do Dahomé e cultuado em muitas casas religiosas. Especialmente no Rio Grande do Sul, Bará ganha *status* de Orixá do panteão em função da nação Cabinda, que veio para cá já dominada pelo império iorubano, que, por sua vez, derrotou os cabindas em disputas territoriais.

Bará é protetor e mensageiro entre os homens e os habitantes do mundo espiritual. É ele que se responsabiliza por deixar passar as oferendas e os descarregos energéticos, bem como todos os tipos de intervenção espiritual entre um plano e outro. É encarregado de vigiar o bom andamento das atitudes dos seres humanos e se incumbe das "cobranças" em conformidade com a Lei Divina organizadora do Cosmo. Por isso, seus assentamentos ficam nas entradas dos terreiros; ele é guardião e mensageiro, trazendo e levando informações, autorizando a passagem ou não de nossas rogativas e pedidos à esfera espiritual.

Ogum "encontra-se" com Bará no portão de entrada dos templos religiosos. O primeiro nos dá caminho , conduzindo às "estradas" do Plano Astral, que nos levarão aos locais de nosso merecimento e afinidade; o segundo tem o poder de conceder passagem, tem a "chave na mão", abrindo ou fechando estes portais dimensionais.

E o que mais Ogum é e faz na Umbanda?

Ogum é o Orixá que vence as demandas, que abre os caminhos e vem na frente para nos defender de todo o mal. Orixá ligado à vontade, atitude, perseverança, persistência, tenacidade. É a vibração que nos impulsiona à sobrevivência, e não atua apenas nas situações de conquista e vitória em nossas lutas diárias. É Orixá sem reino vibratório específico, mas que atua na defesa de toda a natureza. Assim como veio na frente de Oxalá para completar a criação, o poder de realização de Ogum está em todos os lugares.

Na Umbanda, não usamos regularmente o termo "qualidade de Orixá", mas comumente utilizamos a palavra "desdobramento" para caracterizar a fusão de dois ou mais Orixás num determinado momento de manifestação das forças da natureza, sem que se perca o vínculo com o Orixá que primeiro originou esse desdobramento ou cruzamento vibratório. São reinterpretações comuns no meio umbandista, o que não nos faz perder o empoderamento gerado pelos atributos originais dos Orixás – muito pelo contrário, os fortalecem.

Então, temos os principais desdobramentos de Ogum, ou seja, o poder de realização pela vontade, que impulsiona à luta, à conquista e à vitória, vibrando ou cruzando em harmonia com os demais Orixás:

– Ogum Megê: trabalha em harmonia com Omulu em todo trabalho que envolva a energia da terra e o combate à baixa magia. Está presente nos assuntos atinentes ao desmanche de magia.

– Ogum Rompe-Mato: entrecruzamento com Oxossi, presente nos assuntos pertinentes às resoluções rápidas, que exigem foco na busca de concretização de nossas metas.

– Ogum Beira-Mar: atua na orla marítima em harmonia com Iemanjá, presente nos assuntos atinentes à conquista material e demandas astrais que devem ser escoadas com o elemento água salgada.

– Ogum Iara: cruzamento na cachoeira em harmonia com Oxum. Este desdobramento de Ogum está presente nos assuntos atinentes às conquistas que exigem harmonia de relacionamentos e diplomacia no trato interpessoal.

– Ogum de Lei: este desdobramento de Ogum com Xangô está presente nos assuntos pertinentes à justiça divina e à execução das demandas judiciais.

Teríamos ainda mais desdobramentos, como Ogum Naruê, Ogum Matinata, entre outros, mas descrever todos fugiria à finalidade da obra.

Saudação a Ogum e o seu significado:
Ogum nhê! Patakori Ogunhê!
Ogum nhê! = Salve Ogum!

Patakori vem de Pataki (principal, importante, supremo) + Ori (cabeça, coroa), então quer dizer "salve Ogum, o principal da cabeça" ou "o Cabeça Principal que vem primeiro, na frente". Ou ainda, "o senhor que encabeça nossas ações".

Nesta casa de guerreiro
Vim de longe pra rezar
Rogo a Deus pelos doentes
Na fé de Obatalá
Ogum salve a Casa Santa
Os presentes e os ausentes
Salve nossas esperanças
Salve os velhos e crianças
Nego veio e ensinou
Na cartilha de Aruanda
E Ogum não esqueceu
Como vencer a Quimbanda
A tristeza foi embora
Na espada de um guerreiro
E a luz no romper da aurora
Vai brilhar neste terreiro.

12

A FLECHA CERTEIRA
O poder curativo de Oxossi

Assim diz o mito: Oxossi mata o pássaro das feiticeiras.

Todos os anos, para comemorar a colheita dos inhames, o rei de Ifé oferecia aos súditos uma grande festa. Naquele ano, a cerimônia transcorria normalmente, quando um pássaro de grandes asas pousou no telhado do palácio.

O pássaro era monstruoso e aterrador. O povo, assustado, perguntava sobre sua origem. A ave fora enviada pelas feiticeiras, as Iyá Mi Oxorongá, nossas mães feiticeiras, ofendidas por não terem sido convidadas. O pássaro ameaçava o desenrolar das comemorações, o povo corria, atemorizado. E o rei, preocupado com seu povo, chamou os melhores caçadores do reino para abater a grande ave.

De Idô veio Oxotogum, com suas vinte flechas. De Morê veio Oxotogi, com suas quarenta flechas. De Ìlarê veio Oxotadotá, com suas cinquenta flechas. Prometeram ao rei acabar com o perverso bicho, ou perderiam as suas próprias vidas. Nada conseguiram, os três Odés gastaram suas flechas e fracassaram. Foram presos por ordem do rei.

Finalmente, de Irém veio Oxotocanxoxô, o caçador de uma flecha só. Se fracassasse, seria executado junto com os que o antecederam.

Temendo pela vida do filho, Iemanjá, a mãe do caçador, foi ao babalaô, que recomendou à mãe desesperada fazer um ebó – oferenda – que agradasse as feiticeiras. A mãe de Oxotocanxoxô assim o fez.

Nesse momento, Oxotocanxoxô tomou seu ofá, seu arco, apontou atentamente, disparou a única flecha e matou a terrível ave perniciosa.

A oferenda sacralizada havia sido aceita. As Iyá Mi Oxorongá estavam apaziguadas.

O caçador recebeu as honrarias e metade das riquezas do reino. Os caçadores presos foram libertados e todos festejaram.

Todos cantaram em louvor a Oxotocanxoxô. O caçador Oxô ficou muito popular. Cantavam em sua honra, chamando-o de Oxossi, que, na língua do lugar, quer dizer "o caçador Oxô é popular".

Desde então, Oxossi é o seu nome.

•••

O inhame é rico em carboidratos e até hoje faz parte da culinária de diversos países africanos. Em comunidades de antigamente, nada mais comum que festejar as boas colheitas desse tubérculo.

Ocorre que essa narrativa não conta que o rei de Ifé não reconhecia, logo, ignorava propositadamente as Iyá Mi Oxorongá, sacerdotisas detentoras da síntese do poder feminino, claramente manifesto na possibilidade de gerar filhos e, numa perspectiva mais ampla, de povoar o mundo. Na época, era muito importante ter filhos, pois significava mais braços para trabalhar na lavoura e, consequentemente, mais riqueza para a família. Por isso, as feiticeiras, que eram detentoras de uma força magística – axé – tão poderosa quanto a de qualquer outro Orixá, tiveram seu culto difundido por sociedades secretas de mulheres e são as grandes homenageadas do famoso festival Gèlèdè, na Nigéria, realizado entre os meses de março e maio até os dias de hoje, antecedendo o início das chuvas no país, remetendo imediatamente a um culto relacionado à fertilidade e ao período inicial de plantio na terra. Possuidoras do poder procriador feminino, tornaram-se conhecidas como as senhoras dos pássaros, dado que as aves se reproduzem com facilidade e em grande número. A sua fama de grandes feiticeiras as associou à escuridão da noite; por isso, também são chamadas de Eleyé, donas do pássaro, e as corujas são seus maiores símbolos.

As Iyá Mi Oxorongá eram, em verdade, as senhoras da vida. Quando devidamente cultuadas, se manifestavam plenamente em seu aspecto benfeitor, sendo o "grande ventre" que povoa o planeta. Dentro da cosmovisão religiosa da época, se esquecidas, lançavam maldições e se tornavam as "senhoras da morte", agindo na polaridade negativa dos seus poderes de realização.

Quantos de nós, em momentos de alegria por realizações e vitórias, desprezamos nossos companheiros?

A sociedade iorubá era patriarcal e, nessa narrativa, o rei despreza as mulheres, especialmente as sacerdotisas feiticeiras. Consideremos ainda que todos os babalaôs – Pais de Segredo – são homens até os dias atuais. A empáfia e a vaidade do soberano angariaram inimigos poderosos – as "Senhoras do Pássaro da Noite".

Há que se considerar que os Odés eram caçadores e também guardas reais das comunidades. É imprescindível ao caçador ser ético e honesto, para estar alinhado com os atributos de Oxossi. Na narrativa, Oxossi estava "apaziguado" com os poderes que confrontava e, assim, encontrava-se protegido pela Lei Divina.

No mais das vezes, temos que aniquilar os obstáculos dos caminhos com uma "única flecha", pois não teremos mais de uma oportunidade, o que nos exige que estejamos melhores de caráter a cada novo dia, tendo cada vez mais destreza no domínio interno para vencermos o maior inimigo: nós mesmos. Para ser um exímio flecheiro, é necessário que se tenha apurada mira, foco, direcionamento, atingindo certeiramente o alvo ou meta com rara habilidade.

Que cada um de nós consiga interiorizar a capacidade de Oxossi, como narra esse mito, em que esse Orixá atinge em cheio o peito do pássaro da feiticeira com uma única flecha certeira e infalível após os demais caçadores haverem tentado, todos com mais flechas que ele, e não terem conseguido. As oportunidades na atualidade são cada vez mais escassas; saibamos aproveitá-las, preparando-nos emocionalmente, dominando nossos sentimentos negativos, burilando nosso caráter com senso de justiça e ética, para que a fartura e a abundância cósmica não faltem em nossos caminhos.

Os rituais de sacralização são "portais" que se abrem para que consigamos nos conectar com esferas superiores. Nada na criação é desperdiçado, e mesmo a força do efeito de retorno, causado por espíritos "malévolos", nada mais é que fruto daquilo que vibramos em nosso íntimo. Dentro da Lei de Afinidade, somos nós que atraímos esta categoria de entidades chamadas de Ajoguns.

Muitos se impressionam em saber da existência de espíritos malignos que podem nos prejudicar. É fato que eles atrapalham nossas vidas, mas, na concepção iorubá, não existe o maniqueísmo e a dicotomia entre o bem e o mal, nem há opositor a Deus. Esses espíritos têm a função de manter o equilíbrio natural do sistema, a igualdade entre os diversos mundos e dimensões de poderes divinos.

Os Ajoguns estariam sempre à espreita, esperando nossa invigilância e que forneçamos uma brecha para eles atuarem. Logo, por dentro do pensamento iorubá, quando algo de ruim surge em nossos caminhos, nós mesmos o teríamos atraído, e isso oportunizaria a interferência de entidades destruidoras, por exemplo, até causando doenças. Certamente isso seria motivado por um Ajogun.

Entretanto, o reequilíbrio surge da ação das forças positivas, os Orixás, que sempre prevalecem ao final, tal qual descrito no mito deste capítulo. Assim, as forças negativas que nós emitimos que, por sua vez, atraem e se potencializam com outras em afinidade, serviriam como meio intrínseco de equilíbrio de todo o sistema de comunicação entre a Terra e o Plano Espiritual.

Oxossi, na Umbanda, é Orixá senhor da floresta, representado por seus falangeiros, nossos destemidos caboclos. No Brasil das "umbandas", absorveu de Ossanha, pouco cultuado em nossa religião, os poderes sobre o prana vegetal, sendo também grande "feiticeiro" curador. Astúcia, inteligência e cautela são os atributos de Oxossi, pois, como revela essa narrativa, esse caçador possui uma única flecha. Então, não pode errar o alvo.

A história mostra Oxossi como filho de Iemanjá, mas a sua verdadeira mãe, segundo os mais antigos babalaôs, é Apaoká, a jaqueira, que vem a ser uma das Iyá Mi. Por isso a intimidade de Oxossi com essa árvore e a sua capacidade de apaziguar as feiticeiras, desfazer seus feitiços e "amansar" os Ajoguns – espíritos maléficos. Como diz o ponto cantado:

Bumba na calunga, ele é caboclo, ele é flecheiro
Bumba na calunga, amansador de feiticeiro
Bumba na calunga, caboclo firma seu ponto

E como são as características dos filhos de Oxossi?

Os filhos de Oxossi são aparentemente calmos, contidos, não demonstram suas verdadeiras emoções, mesmo se estão alegres ou aborrecidos. Mas isso não os torna insensíveis, pelo contrário, são argutos observadores e extremamente perspicazes em perceber as emoções dos outros. Por vezes são desconfiados, cautelosos, inteligentes e atentos. Apesar de raramente confiarem em alguém, são pessoas altamente confiáveis, daquele tipo que não teme deslealdade. Sendo incapazes de trair, se traídos, terminam para sempre uma amizade. São independentes, solitários, respeitam a opinião de todos, escutando todas as vozes. Com pensamento estratégico, sempre fazem valer as suas opiniões, agindo por conta própria, mas sem desagradar os demais.

Caboclo da mata virgem
Da mata serrada
Lá do Juremá
Quem manda na mata é Oxossi
Quem manda no Céu é Oxalá
Ô, ô, okê caboclo, quero ver girar
Quero ver caboclo
De Umbanda girar

13

O MACHADO DUPLO
O poder curativo de Xangô

Assim diz o mito: Xangô é reconhecido como Orixá da justiça.

Há muito tempo, quando o homem branco ainda nem sabia da existência da Mãe África, o rei Xangô reinou sobre as terras de Óyó, sempre de maneira justa e correta. Porém, seu reino fora invadido por um rei inimigo, que tentava a todo custo dominar as terras alheias, não poupando vidas, nem medindo esforços para atingir seus objetivos. Xangô tudo fazia para proteger seu povo, mas o inimigo era voraz como uma fera indomada e ordenava a seu exército que não poupasse vidas. Velhos e crianças eram sacrificados sem piedade, as mulheres, antes de serem mortas, eram submetidas às mais humilhantes situações, sendo obrigadas a servir os senhores do exército.

Desesperado ao ver o seu povo sendo trucidado pelo exército inimigo, Xangô subiu ao alto de uma montanha de pedra e, de lá, gritou com todas as suas forças, pedindo a Orunmilá que o ajudasse a colocar fim a todo aquele sofrimento. Sentindo o desespero do rei, Orunmilá decidiu ajudar Xangô, mas resolveu também, ao mesmo tempo, testar o seu senso de justiça, dando a ele o Oxé, um machado de lâmina dupla, uma arma poderosa, que poderia ser usada tanto para vencer a batalha de maneira justa, como também para saciar a sede de vingança, derramando o sangue dos soldados inimigos.

Cheio de fúria, Xangô ergueu o Oxé e urrou como um leão. Seu grito foi ouvido em todos os cantos da Terra. Muitos juraram ser um trovão, e certamente era, junto com a ira do rei em guerra. Com seus poderosos braços de guerreiro, começou a desferir violentos golpes com o Oxé sobre as pedreiras. Ao tocar nas pedras, as lâminas do Oxé saltavam enormes faíscas, verdadeiros raios que atingiam em cheio os líderes do exército inimigo, que caíam mortos, fazendo, assim, com que a guerra terminasse rapidamente, com os invasores fugindo como cães covardes. No entanto, Xangô teve o cuidado de não deixar que os raios ferissem os soldados dos exércitos inimigos, pois sabia que esses pobres coitados apenas obedeciam às ordens de seus generais.

Orunmilá, percebendo que Xangô usara com justiça e bom senso o Oxé, deixou que ele ficasse com a arma para todo o sempre, pois sabia que ela só seria usada para fazer a justiça, castigando os maus de acordo com seus atos e protegendo os justos e oprimidos, também dentro de seu merecimento. Assim é até hoje; quando é de nosso direito, o Oxé de Xangô desce sobre nossas cabeças para nos proteger ou mostrar que é necessário mudar a forma de agir em nossas vidas.

●●●

Etimologicamente, Xangô é uma palavra de origem iorubá, em que o prefixo "Xa-" significa "senhor"; "-angô" (AG + NO = "fogo oculto"); e "-gô" pode ser traduzido como "raio" ou "alma". Assim sendo, "Xangô" significaria "senhor do fogo oculto".

É Orixá da "quentura", força impulsionadora do dinamismo que a vida exige, para que tenhamos realizações em conformidade com nosso propósito existencial. Não por acaso, a maioria dos compêndios espiritualistas menciona o espírito como uma "chispa", uma fagulha que faria parte de uma labareda ou fogueira maior, o próprio Deus.

Não temos como fugir da "luta", das "batalhas" e das "guerras" para a nossa sobrevivência humana. Até os dias atuais, continuamos nos esforçando para conquistar terras alheias, como reis despóticos, esquecendo-nos de conquistar a nós mesmos. Claro está que existe competição na sociedade moderna, e que, se não soubermos nos defender, seremos humilhados, com possibilidade de sermos "sacrificados" sem nenhuma piedade, tal a violência e a insegurança que vivemos.

Jesus disse: *Eu vim para trazer* **fogo** *sobre a terra, e como gostaria que já estivesse em* **chamas***. Tenho, porém, que passar por um batismo, e muito me* **angustia** *até que se consuma.*

"Fogo sobre a terra" representa os desafios do espírito reencarnado. A nossa programação de vida contempla muitos desafios, e é como se fôssemos colocados em "chamas". Muitos são os reencontros, as barreiras, as armadilhas e os fracassos numa breve vida humana. Todavia, mesmo que fiquemos angustiados, e até o divino Mestre se angustiou frente à sua hercúlea missão terrena, o poder transmutador do fogo – nosso espírito – faz-nos "arder", tal ainda o nosso primarismo consciencial e recorrência de atitudes equivocadas frente às Leis Divinas.

Na Umbanda, o simbolismo do batismo em águas é irmos obedientemente ao encontro de nossa essência divina, de nosso Ori. Assim como somos concebidos e gerados "em água" (esperma e líquido amniótico), a comunhão com o nosso espírito se dá com esse elemento, que harmoniza nossa "combustão" interna. A palavra batismo vem do grego e significa "mergulho", "submersão", ou seja, um caminho de iniciação e autoconhecimento de nossas aptidões e potencialidades sagradas.

Devemos utilizar nosso potencial de realização como o machado duplo é utilizado com prudência por Xangô. Um dos símbolos desse Orixá é o Oxé, a ferramenta que possui duas lâminas que cortam para ambos os lados. Significa equilíbrio, equidade nas decisões, imparcialidade, assim como a balança da Lei Divina, da qual ninguém consegue fugir. Inexoravelmente, quem deve, paga, e quem merece, recebe, doa a quem doer, sem privilégios. Ao batermos de frente com os nossos desafetos, o façamos com equidade e justiça, sempre desejando ao outro o que gostaríamos que fizessem a nós mesmos. Então, não esqueçamos facilmente disso, pois ele pode cortar contra ou a nosso favor. Afinal, quem maneja adequadamente o que planta, dentro da Lei Divina, não receia a colheita.

O entendimento do encadeamento de nossas ações e reações, que estabelecem uma relação de causa e consequência no sentido de ascensão espiritual – equilíbrio cármico – é indispensável para que iniciemos o processo de libertação do ciclo de reencarnações.

Os tipos psicológicos dos filhos de Xangô podem ser voluntariosos, rígidos em suas opiniões e, se contrariados em seus pontos de vista, são enfáticos e até duros na defesa de suas opiniões, principalmente se estiverem com a razão. Todavia, com a maturidade, se tornam muito sábios, mansos e de grande compostura moral, como o velho pastor da montanha, tendo a firmeza da rocha e a mansuetude da ovelha. Nos seus aspectos positivos, são justos, têm nobreza de caráter, com atitudes dignas, são organizados e diligentes no trabalho, ocupam-se com o progresso cultural e social.

No aspecto esotérico mais profundo, Xangô é a Lei de Ação e Reação, com suas causas e consequências, julgando nossos atos. A semeadura é livre – temos livre-arbítrio –, mas a colheita é obrigatória – também obtemos merecimento.

Concluindo este capítulo, rogamos que a prudência e a maturidade de consciência nos conduzam à união e ao diálogo, buscando fortalecer igualdades e minimizar diferenças. Desejamos com sinceridade que os devotos dos Orixás, independentemente da denominação religiosa terrena, consigam se fortalecer e combater a intolerância, o desrespeito e o preconceito da sociedade mais ampla. Enquanto formos desunidos, como se fôssemos competidores, cada vez mais nos enfraqueceremos. Quanto mais perseverar o senso equivocado de sermos mais proprietários da verdade do que os outros, menos legitimidade e respeito teremos.

Todavia, pensemos que toda iniciativa em favor da união e do diálogo tem como pré-requisito atitudes ilibadas e de caráter elevado. Afinal, é impossível tomar água límpida se a mesma foi colocada em vaso sujo.

Que o nosso Ori seja sempre afortunado pelos bons pensamentos, que as nossas vozes sempre enalteçam o sagrado de cada um, que as nossas mãos nunca atirem "dendê quente" em nossos inimigos e que as nossas pernas sempre caminhem em prol da harmonia coletiva. Assim, Xangô, o Grande Orixá da Justiça e Senhor do Machado Duplo, nos acolherá, dando-nos autorização, pelo nosso merecimento, para que o guardião das encruzilhadas as mantenha abertas, para que tenhamos passagem rumo à plena realização de nossos propósitos de vida.

Machadinha de cabo de ouro
De ouro, de ouro
Machadinha de cabo de ouro
É machadinha de Xangô

Sentado na pedreira de Xangô
Eu fiz um juramento até o fim
Se um dia me faltar a fé em meu Senhor
Que role esta pedreira sobre mim
Meu Pai Xangô chegou do Reino
Meu Pai Xangô é Orixá
Olha, seus filhos lhe pedem, meu Pai
Fé e proteção neste congá

14

A SENHORA DOS VENTOS
O poder curativo de Iansã

Assim diz o mito: Iansã sopra a forja de Ogum e cria o vento e a tempestade.

Oxaguiã estava em guerra, mas a guerra não acabava nunca, tão poucas as armas para guerrear.

Ogum fazia as armas, mas fazia lentamente. Oxaguiã pediu a seu amigo Ogum urgência, mas o ferreiro já fazia o possível. O ferro era muito demorado para se forjar, e cada ferramenta nova tardava como o tempo.

Tanto reclamou Oxaguiã que Iansã, esposa do ferreiro, resolveu ajudar Ogum a apressar a fabricação. Iansã se pôs a soprar o fogo da forja de Ogum, seu sopro avivava intensamente as chamas e o fogo mais forte derretia mais rapidamente o ferro. Logo Ogum pôde fazer muito mais armas, e, com mais armas, Oxaguiã venceu logo a guerra.

Oxaguiã veio, então, agradecer a Ogum. E, na casa de Ogum, enamorou-se de Iansã. Um dia, fugiram Oxaguiã e Iansã, deixando Ogum enfurecido, e sua forja, fria.

Quando mais tarde Oxaguiã voltou à guerra e precisou das armas muito urgentemente, Iansã teve que reavivar a forja, mas não quis voltar para a casa de Ogum. E lá da casa de Oxaguiã, onde vivia, Iansã soprava em direção à forja de Ogum. E seu sopro atravessava toda a terra que separava a cidade de Oxaguiã da de Ogum. E seu sopro cruzava os ares e arrastava consigo pó, folhas e tudo o mais pelo caminho, até chegar às chamas que com furor atiçava. E o povo se acostumou com o sopro de Iansã cruzando os ares e logo o chamou de vento.

E quanto mais a guerra era terrível e mais urgia a fabricação das armas, mais forte soprava Iansã a forja de Ogum. Tão forte que às vezes destruía tudo no caminho, levando casas, arrancando árvores, arrasando cidades e aldeias. O povo reconhecia o sopro destrutivo de Iansã e o povo chamava isso de tempestade.

•••

Oxaguiã é tido na mitologia como Oxalá "novo" (em idade). É um Orixá "guerreiro", e sua maior luta é pela perfeição no sentido profundo de aperfeiçoamento do caráter humano. Persegue à exaustão o exercício dos ensinamentos de Ifá, indo de comunidade em comunidade, um jovem e robusto andarilho, levando a doutrina libertadora, assim como Jesus o fez, pregando a Boa Nova. Não por acaso, esse Orixá tem uma pomba branca talhada em relevo em seu escudo.

Diz-se que, enquanto Ogum fornece os meios (ferramentas e armas), Oxaguiã disponibiliza a inteligência e a estratégia para vencermos os combates. É conhecido também pelo epíteto "mão de pilão", uma alusão à sua firmeza de propósitos e valentia ao defender a ética da doutrina.

O ferro demora para ser forjado e transformado em peça útil. Alegoricamente, mudar conceitos cristalizados que interiorizamos e seus consequentes hábitos perniciosos, atávicos, é como "malhar em ferro frio" ou bater num pilão com "mão de moça", sem força. Quase nada conseguimos de mudanças psíquicas se não há a intensidade e o dinamismo para a transformação, assim como a espada do mandarim é moldada em forja quente.

Iansã é a "deusa" do Rio Níger, na África. Orixá dos ventos e das tempestades, é a manifestação do poder divino de realização responsável pela movimentação da energia vital do planeta. Ocorre que toda a movimentação eólica na atmosfera terrena tem a sua influência e, notadamente, impacta na polinização das flores. "Tecnicamente" falando, a transferência de células reprodutivas por meio dos grãos de pólen é feita através dos ventos (anemofilia), conjugados a outros fatores ambientais, e por insetos, sendo um processo crucial de produção de alimentos vegetais para os animais e para a humanidade.

Integrando os atributos volitivos de Iansã, existe ainda o lado oculto das tempestades, que fazem grandes assepsias energéticas no plano hiperfísico – sobrenatural – da psicosfera terrena.

Produzimos ininterruptamente formas-pensamentos deletérias, emanações naturais da baixa condição moral e do primarismo instintivo sensório ainda vigente nos cidadãos. Essas vibrações se "acumulam", formando gigantescos egrégoros, que é como se denomina as forças etéreas criadas a partir do somatório das vibrações mentais-emocionais decorrentes da aproximação de duas ou mais pessoas. Entendamos egrégora ou egrégoro como sendo um campo vibracional extrafísico que está presente em todas as atividades humanas e paira sobre os centros urbanos.

Com a ação das tempestades, ventanias e raios, deslocam-se essas energias, que acabam desintegradas na dimensão etéreo-astral, resultando num ambiente físico higienizado, assim como fazemos faxina em uma casa suja.

O sopro divino nos criou em espírito

Iansã é o Orixá detentor do poder de realização por meio do elemento eólico. Assim, relaciona-se com todos os demais Orixás, eis que os ventos e os ares em todos os lugares e sítios da natureza se encontram. As narrativas míticas simbolizam estas interações energéticas, qualidades e desdobramentos dos poderes e atributos divinos de Iansã, aproximando-a do entendimento dos indivíduos de senso comum.

As filhas de Iansã não são promíscuas nem namoradeiras volúveis, como muitos advogam equivocadamente. O caráter elevado para o equilíbrio de nossas emoções e afetividades deve nortear nossas relações em amplos sentidos, especialmente na busca de conexões sérias e éticas com estas forças sagradas denominadas Orixás em nossos ritos e liturgias religiosas. Comportamentos viciosos no campo da sexualidade e outros são escolhas dos seres humanos. Não devem ser transferidos ao Sagrado como escapes psíquicos para justificar atitudes equivocadas pelas quais cabe unicamente a nós a responsabilidade.

Iansã sopra o vento, avivando a nossa chama interna, para que consigamos derreter o "ferro" frio de nossas imperfeições e, assim, implementar as mudanças indispensáveis para as quais reencarnamos.

A ferramenta em que devemos nos transformar é forjada na combustão do fogo alto da vida terrena e serve de instrumento para combatermos nossos vícios de caráter. A nossa guerra é interna, é contra o maior inimigo, o ego. Voltaremos ao campo de batalha quantas vezes for necessário, até que nos apaziguemos com nosso propósito existencial, que é sermos seres divinos, derrotando nossos inimigos internos, que nos aprisionam nas masmorras dos vícios e desvios de caráter.

Iansã é o fogo dinamizado pelo vento, posto que a mediunidade é um fogo e um vento sagrado, um "dom" que nos foi ofertado por Olorum para corrigir nossas imperfeições e nos ensinar a amar e a servir com humildade. Ela é o fogo da Criação, a capacidade de superar-se, porque as Leis Cósmicas não permitem estagnação por muito tempo; exigem a nossa evolução, ou seja, o potencial divino que habita cada ser necessita ser externado como chama viva, e não vibrar como brasa que não é alimentada, ou fagulha que se apaga. Por isso, temos o livre-arbítrio para escolher entre servir e amar, ou simplesmente ser uma criatura acomodada e ociosa. A escolha é inteiramente nossa, e a responsabilidade também. A pressa de que o fogo se acenda é para que haja a transformação do homem, para que cessem as guerras e as divisões internas e externas, visto que a paz nasce dentro do coração do ser. O vento de Iansã atiça e vitaliza a expansão da consciência e fortalece nossa essência sagrada.

Quantas vezes renasceremos num corpo de carne para "guerrearmos" e polirmos a pedra bruta que ainda somos?

O vento que vem...
É o vento que vai...
Ninguém segura o vento.
Não há fogo sem ar...

Epahei Iansã!!!

Raio de luz, clarão no céu
É ventania que vem lá
A noite inteira vento vem e vai
Rodopiando a bailar
Com a espada erguida ao luar
Surge a guerreira
É Iansã varrendo os males
É Iansã, oh, Mãe, valei-me
Levai nesses ventos os nossos tormentos
Levai minha dor
E quando sessar a tempestade
E eu vislumbrar um novo amanhã
Explode em meu peito um brado Eparrei
Oh, Mãe Iansã
Põe no tacho azeite pra ferver de Oiá
Põe meio tempero desse acarajé
Que possuir coragem pra seguir viagem
Filhos que tem fé

15

A SENHORA DA DOÇURA
O poder curativo de Oxum

Assim diz o mito: Oxum dança para Ogum na floresta e o traz de volta à forja.

Perante Oxalá, Ogum havia condenado a si mesmo a trabalhar duro na forja para sempre. Mas ele estava cansado da cidade e da sua profissão. Queria voltar a viver na floresta, voltar a ser o livre caçador que fora antes. Ogum estava cansado do trabalho de ferreiro e partiu para a floresta, abandonando tudo.

Ogum achava-se muito poderoso, sentia que nenhum Orixá poderia obrigá-lo a fazer o que não quisesse.

Logo que os Orixás souberam da fuga de Ogum, foram ao seu encalço para convencê-lo a voltar à cidade e à forja, pois ninguém podia ficar sem os artigos de ferro de Ogum, as armas, os utensílios, as ferramentas agrícolas. Mas Ogum não ouvia ninguém, queria ficar no mato. Simplesmente os enxotava da floresta com violência. Todos foram lá, menos Xangô.

E como estava previsto, sem os ferros de Ogum, o mundo começou a ir mal. Sem os instrumentos para plantar, as colheitas escasseavam e a humanidade já passava fome. Foi quando uma bela e frágil jovem veio à assembleia dos Orixás e ofereceu-se para convencer Ogum a voltar à forja. A bela e jovem voluntária era Oxum.

Os outros Orixás escarneceram dela, tão jovem, tão bela, tão frágil. Ela seria escorraçada por Ogum e até temiam por ela, pois Ogum era violento, poderia machucá-la, até matá-la. Mas Oxum insistiu, disse que tinha poderes de que os demais nem suspeitavam.

Oxalá, que tudo escutou mudo, levantou a mão e impôs o silêncio. Oxum o convencera, ela podia ir à floresta e tentar.

Assim, Oxum entrou no mato e se aproximou do sítio onde Ogum costumava acampar. Usava ela tão somente cinco lenços transparentes presos à cintura em laços, como esvoaçante saia. Os cabelos soltos, os pés descalços, Oxum dançava como o vento e seu corpo desprendia um perfume arrebatador.

Ogum foi imediatamente atraído, irremediavelmente conquistado pela visão maravilhosa, mas se manteve distante. Ficou à espreita, atrás dos arbustos, absorto.

De lá admirava Oxum, embevecido. Oxum o via, mas fazia de conta que não. O tempo todo ela dançava e se aproximava dele, mas fingia sempre que não dera por sua presença.

A dança e o vento faziam flutuar os cinco lenços na cintura, deixando ver por segundos a carne irresistível de Oxum. E ela dançava, o enlouquecia.

Dele se aproximava e, com seus dedos sedutores, lambuzava de mel os lábios de Ogum. Ele estava como que em transe. Ela o atraía para si e ia caminhando pela mata, sutilmente tomando a direção da cidade.

Mais dança, mais mel, mais sedução, Ogum não se dava conta do estratagema da dançarina. Ela ia à frente, ele acompanhava, inebriado...

Quando Ogum se deu conta, eis que se encontravam ambos na praça da cidade. Os Orixás todos estavam lá e aclamavam o casal em sua dança de amor.

Ogum estava na cidade, Ogum voltara!

Temendo ser tomado como fraco, enganado pela sedução de uma mulher bonita, Ogum deu a entender que voltara por gosto e vontade própria. Afirmou que nunca mais abandonaria a cidade e sua forja.

E os Orixás aplaudiam, e aplaudiam a dança de Oxum. Ogum voltou à forja e os homens voltaram a usar seus utensílios. Houve plantações, colheitas e a fartura baniu a fome, espantou a morte.

Oxum salvara a humanidade com sua dança do amor.

•••

As lendas têm por objetivo principal explicar temas iniciáticos da gênese e cosmogonia sob a perspectiva dos Orixás. As narrativas foram elaboradas pelos babalaôs – altos sacerdotes e detentores de segredos – para que os cidadãos simples, habitantes das diversas comunidades, as entendessem. Todavia, os enredos revelam um aspecto preponderante na mitologia nagô: o mundo das divindades é semelhante ao dos homens, recheado de conflitos, contradições, acordos e desacertos, traições e seduções. É uma inteligente pedagogia, especular e metafórica. Tem efeito espelho, aproximando os cidadãos comuns, a maioria composta por trabalhadores agrícolas e de pouco saber religioso, dos "deuses", do plano sagrado.

Nessas historietas, Ogum é retratado como violento, impulsivo, capaz de certas malícias para chegar aos seus propósitos. Noutras, é apresentado como herói civilizador, pois inventou a metalurgia, que revolucionou o trabalho braçal nos campos. Por vezes, os mitos estão ligados uns aos outros, e Ogum teria condenado a si mesmo a trabalhar duro na forja quando foi "pego" por Oxalá tentando estuprar a mãe, dominado pelo desejo. Antes que Oxalá o castigasse, Ogum suplicou: "Deixa, meu pai, que eu mesmo encontrarei meu castigo". E assim se pôs a trabalhar na forja sem nunca descansar.

Fabricava ferramentas metálicas para ajudar os homens no arado do solo, nos plantios e colheitas. Suas ferramentas espalharam-se pelo mundo e muitos foram procurá-lo para aprender a forjá-las. *(*Vide o livro *Os Orixás e os Ciclos da Vida,* de Norberto Peixoto, Edições Besourobox.*)*

O caçador, que Ogum nunca deixou de ser, representa a liberdade, e o ato de entrar na floresta é significativo no sentido de estarmos a "sós" com nós mesmos, sendo símbolo das regiões obscuras, inexploradas e ainda "adormecidas" do psiquismo profundo.

Não devemos confundir liberdade com desistência de compromissos assumidos, que fazem parte do nosso programa de vida e propósito existencial. Fugir das responsabilidades, não querendo voltar mais à "forja", é negar a oportunidade misericordiosa que nos foi concedida de estarmos reencarnados, de sermos úteis à humanidade em vez de estarmos na fila de espera do lado de lá.

Sob certo aspecto, é como se fizéssemos um pacto, aceitando o "plano de provas" e retribuindo com o comprometimento de que vamos nos esforçar para cumpri-lo. Esquecemos que os poderes de realização dos Orixás agem nos auxiliando em conformidade com as experiências que temos de vivenciar enquanto espíritos encarnados. As forças divinas não são coniventes com a covardia, e nos "cobrarão" o que concordamos cumprir na estada terrena.

É um grande equívoco quando nossas capacitações e talentos nos orgulham em demasia, enfatuando o trabalho a ser realizado. Não somos poderosos para desprezarmos os que dependem de nossos esforços na rede de relações interpessoais que tecemos. Naturalmente, somos seres sociais, e nos recusarmos a ouvir os outros, nos escondendo no "mato", faz com que sejamos absorvidos pelo egoísmo e criemos séria ruptura com as forças cósmicas que agem em prol do coletivo.

As atitudes individualistas nos afastam da justiça do Alto, assim como o jardineiro não lavra a terra só com as mãos, sem as ferramentas, advindo a escassez; assim angariamos infortúnios e começamos a nos dar mal na vida. Ao nos afastarmos dos caminhos indicados pelo nosso Ori – essência espiritual –, somos "chamados" por Oxalá, o pai da humanidade, a prestar contas de nossos atos.

Os Orixás, enquanto aspectos sagrados irradiados de Olorum, nos influenciam ao melhoramento contínuo e, para tanto, estão sempre em "assembleia" deliberativa para corrigir os rumos da existência de cada um de nós. Em verdade, fazem parte de uma unidade abrangente, intangível e incognoscível, o olho que tudo vê ou o dedo do Grande Arquiteto do Universo, o que Jesus denominou "eu e o Pai somos um". Essas irradiações divinas são a expressão para o planeta – terceira dimensão – dos poderes volitivos do Criador, que se manifestam na própria natureza física, logo, biológica e psicológica; consequentemente, atuam no complexo biopsicossocial humano, sem esquecermos que são emanações espirituais em ação ininterrupta.

Oxum é a energia equilibradora de nossas emoções, que impulsiona à aproximação para com o outro, levando nossa afetividade a um estado receptivo ao relacionamento com o próximo. É força que higieniza nosso campo mental de cristalizações em pensamentos mórbidos e libera-nos de emoções desajustadas, gerando novas oportunidades e reciclagens para interagirmos com o meio que nos cerca, seja em âmbito psicológico, social ou mental.

A senhora do mel, da doçura e da candura, assim é Oxum. Não por acaso, as abelhas simbolizam a diligência, a cooperação, a nobreza e o amor da união. Observemos que as colmeias são matriarcais, giram em torno de uma Rainha Mãe; a realeza do poder genitor feminino, assim como Oxum é maternal, a divindade da fertilidade e da gestação.

O mel está associado à doçura, prosperidade e abundância. O simbolismo da abelha também representa o Cristo (amor e compaixão). Por outro lado, o seu ferrão relaciona-se à justiça e à verdade, às quais Jesus foi fiel até o seu último suspiro humano. É o "ouro" vegetal utilizado na dieta humana desde os primórdios. Quando usado em unção, busca a conexão com atributos de riqueza e progresso espiritual. As libações de mel, comuns na Umbanda, sob o manto vibratório de Oxum, visam firmar a ligação com os guias e falangeiros na coroa mediúnica dos adeptos. Também objetiva harmonizar o ambiente, acalmando os ânimos e unindo a corrente. Lembremos que a vibração natural do mel é de disciplina, organização e colaboração, remetendo à sua origem, a colmeia.

A fartura, abundância, prosperidade, saúde e riqueza de Oxum provêm do amor, do coração de mãe, assim como Maria amou Jesus.

Salve a Senhora da bondade.
Salve, mãezinha benevolente.
Ora yê yê ô!

No céu uma estrela vem brilhando
Nas águas o amor refletindo
Aie ie Aie ie Oxum
De alegria estou sorrindo – bis
Também nas cachoeiras
Tem a força da Oxum
Oxum é minha Mãe
E meu Pai é Ogum Aie ie ô

16

A GUERREIRA DA PAZ
O poder curativo de Obá

Assim diz o mito: Obá corta a orelha induzida por Oxum.

Obá e Oxum competiam pelo amor de Xangô. A cada semana, uma das esposas cuidava de Xangô, fazia sua comida, servia sua mesa.

Oxum era a esposa mais amada, e Obá imitava Oxum em tudo, inclusive nas artes da cozinha, pois o amor de Xangô começava pelos pratos que comia. Oxum não gostava de ver Obá copiando suas receitas e decidiu vencer definitivamente a rival.

Um dia, convidou Obá à sua casa, onde a recebeu usando um lenço na cabeça, amarrado de modo a esconder as orelhas. Oxum mostrou a Obá o alguidar em que preparava uma fumegante sopa, na qual boiavam dois apetitosos cogumelos. Segredou à curiosa Obá que eram suas próprias orelhas, orelhas que ela cortara. Xangô havia de se deleitar com a iguaria.

Não tardou para que ambas testemunhassem o sucesso da receita. O marido veio comer e o fez com gula, se fartou. Elogiou sem parar os dotes culinários da mulher.

Obá quase morreu de ciúme. Na semana seguinte, Obá preparou a mesma comida, cortou uma de suas orelhas e pôs para cozinhar.

Xangô, ao ver a orelha no prato, sentiu engulhos. Enjoado, jogou tudo no chão e quis bater na esposa, que chorava. Oxum chegou nesse momento, exibindo suas intactas orelhas. Obá num segundo entendeu tudo, odiou a outra mais que nunca.

Envergonhada e enraivecida, lançou-se sobre Oxum e ambas se envolveram numa briga que não tinha fim. Xangô já não suportava tanta discórdia em casa, e esse incidente só fez aumentar a sua raiva. Ameaçou de morte as briguentas esposas, perseguiu-as. Ambas tentaram fugir da cólera do esposo.

Xangô procurou alcançá-las, lançou o raio contra elas, mas elas corriam e corriam, embrenhando-se nos matos, ficando cada vez mais distantes, mais inalcançáveis.

Conta-se delas que acabaram por ser transformadas em rios. E, de fato, onde se juntam o rio Oxum e o rio Obá, a correnteza é uma feroz tormenta de águas que disputam o mesmo leito.

●●●

Obá é um Orixá pouco cultuado na Umbanda, inclusive no Brasil não é significativamente louvado e conhecido no imaginário popular. Todavia, sua importância no panteão é inquestionável, relevante no contexto religioso de origem, e sua abordagem mitológica é importante para a compreensão arquetípica de sua personificação humana.

Nem sempre a vontade de guerrear é destrutiva, especialmente não o é quando parte de uma inquietação causada pela injustiça; o preconceito, que leva à subjugação do outro, ao abuso emocional e psicológico. Notadamente, Obá guerreia pela igualdade de gênero entre homens e mulheres, buscando equilíbrio nas diversas relações biopsicossociais, almejando a paz entre os litigantes.

Obá é o Orixá da guerra. Na verdade, é a própria guerra, pois estabelece as condições para o campo de batalha existir quando a causa é justa. É energia divina e criativa que reside internamente em cada um de nós e é despertada quando sentimo-nos injustiçados, sendo mais intensa nas mulheres.

Lamentavelmente, ainda o sexo feminino sofre violência diariamente em todos os lugares do planeta, e existem regiões em que há escravidão sexual. Nossa sociedade é machista, e o grito de guerra pacífica contra a exploração das mulheres exige rupturas com as atitudes e ações injustas. Este impulso volitivo parte do poder de realização de Obá.

Precisamos romper com a passividade letárgica do eu abusado que não reage ao abusador. Para nos convertermos em seres dignos de entrar no "Reino de Deus" e correspondermos ao Eu Divino que habita dentro de nós – somos iguais perante o "Rei"–, é necessária a indignação interior, que rompe as barreiras do medo. Como disse Jesus: "Agora, o reino sofre violência e são as pessoas violentas que o arrebatam" (Mt 11,13).

Temos que ampliar os pensamentos e não limitar o ato de "guerrear" à mera luta física. As verdadeiras batalhas são interiores, pedem respeito a todos e gritam por condições igualitárias para uma vida saudável e pacífica em amplo sentido, havendo uma interdependência entre o individual e coletivo.

Oxum, a senhora das águas doces, é a Iabá ligada à beleza, ao charme e à sensualidade. É astuta e elegante no positivo. No tipo psicológico negativo, pode ser personificada em dissimulação, falsidade e traição.

Obá tem atributos opostos a Oxum; forte, destemida e dotada de um temperamento irascível, nada meigo. Não se importa com a sua aparência e despreza futilidades e coisas supérfluas. Por outro lado, é de uma vontade granítica, de pedra; implacável, justa, direta e combativa. É fiel aos seus propósitos e nunca trai, a ponto de "arrancar a própria orelha" por uma causa à que se dedica.

Podemos afirmar que, em muitos atributos psicológicos, Obá é semelhante a Xangô, sendo espelho deste Orixá do fogo. Obá desconhece o medo, é prática, objetiva e corretíssima. É o Orixá das "causas perdidas", e todo aquele que precisar recorrer para resolução em uma instância superior de justiça, pode auferir o poder de realização dessa divindade. Todavia, sua força sagrada só ajuda os injustiçados. Se a decisão em primeira esfera foi correta, não apele para Obá, pois o "tiro pode sair pela culatra". É o Orixá mais belicoso com a litigância de má-fé, o falso testemunho e o perjuro. Assim, é a padroeira dos advogados humanitaristas que patrocinam causas justas em favor de todos.

Na magia e no contrafeitiço, Obá atua na decantação do poder mental dos magos equivocados, que estão usando as forças cósmicas a favor de seres tão déspotas, imorais, concupiscentes, venais e injustos quanto eles mesmos o são. Esse Orixá esgota os campos de força criados por estes feiticeiros malévolos, desintegrando-os rapidamente; enfraquecendo a imantação magnética, exaure-os e os deixa completamente fora de ação.

Obá é Orixá que vibra nas águas barulhentas e revoltas, mas também no ar em movimento que agita as superfícies paradas, no fogo que incendeia a indignação e na terra que faz brotar nosso sustento psíquico, renovando-nos internamente.

Seu elemento principal é a água, no entanto, pelo seu dinamismo e atuação sobre os quiumbas (obsessores), o ar lhe responde com força; como se os desencarnados fossem ventos, o sopro de Obá os domina, assim como Iansã o faz. É afim com o fogo pela sua impetuosidade e capacidade de incendiar os ânimos. Finalmente, tem ação sobre a terra, eis que fortemente se relaciona com o magnetismo telúrico e não dá um passo em falso terreno, sendo metódica e disciplinada.

No tipo psicológico humano, os filhos de Obá são inteligentes, destemidos, personalidades "briguentas" frente a toda injustiça, não medindo esforços para serem bem-sucedidos quando abraçam uma causa justa.

Assim é Obá.
A guerreira da paz.

Clareia, Obá, Clareia, Obá iê,
Oh, mãe da sabedoria, venha nos valer.
Mãe que traz os elementos e gera nova energia, renovando-nos.
Cria conhecimento, oh, mãe da sabedoria.
Rainha das águas revoltas, que batem na terra e se
Expandem pelo ar.

17

AS FLORES DE OBALUAÊ
O poder curativo de Omulu

Assim diz o mito: Obaluaê tem as feridas transformadas em pipoca por Iansã.

Chegando de viagem à aldeia onde nascera, Obaluaê viu que estava acontecendo uma festa com a presença de todos os Orixás. Obaluaê não podia entrar na festa devido à sua medonha aparência. Então ficou espreitando pelas frestas do terreiro.

Ogum, ao perceber a angústia do Orixá, cobriu-o com uma roupa de palha que ocultava sua cabeça e convidou-o a entrar e aproveitar a alegria dos festejos. Apesar de envergonhado, Obaluaê entrou, mas ninguém se aproximava dele.

Iansã tudo acompanhava com o rabo do olho. Ela compreendia a triste situação de Omulu e dele se compadecia. Iansã esperou que ele estivesse bem no centro do barracão. O xirê estava animado. Os orixás dançavam alegremente com suas equedes.

Iansã chegou então bem perto dele e soprou suas roupas de mariô, levantando as palhas que cobriam suas pestilências. Nesse momento de encanto e ventania, as feridas de Obaluaê pularam para o alto, transformadas numa chuva de pipocas, que se espalharam, brancas, pelo barracão.

Obaluaê, o Deus da Doença, transformou-se num jovem, belo e encantador.

Obaluaê e Iansã tornaram-se grandes amigos e reinaram juntos sobre o mundo dos espíritos, partilhando o poder único de abrir e interromper as demandas dos mortos sobre os homens.

•••

Obaluaê é uma flexão das palavras Oba (rei), Oluwô (senhor) e Ayê (terra). Então, esse Orixá é o "Rei Senhor da Terra". Está ligado ao Sol, à quentura do astro-rei, que "abrasa" a terra. É o soberano da terra e do seu interior. Na sua representação antropomorfa, cobre-lhe o rosto um filá (vestimenta de palha-da-costa), pois não conseguimos olhar para o seu rosto sem ficarmos cegos, dada a intensa luz que ele emite, como se fosse um Sol em miniatura.

Sobre a "palha-da-costa", há que se comentar que, na complexa e ampla simbologia nagô, qualquer feixe composto por número expressivo de elementos significa a multiplicidade do coletivo, todos unidos formando um só. O significado oculto do filá é que ele corresponde à população de mortos, de eguns e espíritos ancestrais que vivem adjacentes e justapostos à Terra. Ainda sobre a palha-da-costa, ela provém de uma planta considerada sagrada para os africanos iorubás, tanto que suas fibras fazem parte de todos os rituais ligados aos desencarnes. Suas vestes revelam "a existência de alguma coisa que deve ficar oculta, proibida e que inspira grande respeito..., algo secreto que só pode ser compartilhado pelos que foram especialmente iniciados". Podemos inferir que os mistérios dos ciclos de nascimentos, da vida e da morte são amplos o suficiente para que não consigamos entendê-los em plenitude, contraproducentes se revelados aos cidadãos de senso comum.

Obaluaê relaciona-se com o funcionamento do organismo e rege a saúde. Entendamos saúde sob o prisma espiritual, metafísico. Temos um veículo perene de expressão, que é o Corpo Astral – perispírito. Os processos de moléstias físicas são depurativos deste envoltório mais sutil, que, num efeito de repercussão vibratória, escoa para a contraparte orgânica as enfermidades vibrando nele, que, de regra, trazemos de vidas passadas. Esquecemos que a cada vez que morremos e voltamos a nascer, é como se trocássemos um paletó. A vestimenta externa é o corpo físico, que mudamos a cada novo nascimento.

Sendo o Senhor da Terra e das suas camadas internas, Obaluaê remete-nos ao local de onde todos nós viemos e para onde voltaremos inexoravelmente. Daí sua ligação com os mortos, eis que o corpo físico sem vida lhe "pertence"; o que foi pego da terra, a partir do barro primordial, terá que ser devolvido.

Assim como narra o mito, Obaluaê divide com Iansã a regência dos cemitérios. Iansã zela pelos eguns, espíritos recém-desencarnados, enquanto Obaluaê absorve os restos cadavéricos no interior de seu próprio reino. O cemitério, a calunga pequena, é um ponto vibrado de passagem de um plano a outro e, ao mesmo tempo, um local de expurgo e decantação energética. Nem todos os espíritos passam para o lado de lá, muitos ficam por aqui, retidos no "campo santo", outros nem lá têm merecimento de permanecerem, perambulam na crosta terrestre com fome, sede e perturbados por acharem-se ainda vivos no corpo de carne, sentindo as mesmas necessidades de antes, mas não conseguindo satisfazer-lhes, pois estão desencarnados.

Obaluaê está presente nos hospitais, nas alas de pacientes terminais, unidades oncológicas e de tratamento intensivo, sempre próximo aos leitos de morte, postos de saúde, prontos-socorros e locais de acidentes. Os mutilados, aleijados e enfermos têm o beneplácito da sua misericórdia. As doenças e moléstias, sejam quais forem, em verdade tratam-se da cura perene do espírito que "sujou" suas "vestes" em atos passados. Entendamos que temos vários corpos mais sutis e perenes: astral, mental... Ao contrário do transitório corpo carnal e etéreo.

As pipocas que estouram e se espalham são uma metáfora interessantíssima. Por vezes, a doença se estabelece para transformar os caroços duros que temos dentro de nós, abrindo-os como uma flor no calor das experiências e atritos terrenos.

Para aprofundarmos o tema, transcrevemos parte de um artigo sobre o simbolismo religioso da pipoca, de autoria de Rubem Alves, extraído do jornal *Correio Popular*, de Campinas (SP), no qual o mesmo mantém coluna bissemanal:

Para os cristãos-católicos, religiosos são o pão e o vinho, que simbolizam o corpo e o sangue de Cristo, a mistura de vida e alegria (porque a vida, só vida, sem alegria, não é vida...). Pão e vinho devem ser bebidos juntos. Vida e alegria devem existir juntas. E as pipocas, que é comida e oferenda sagrada na Umbanda e nas religiões afro-brasileiras?

A pipoca é um milho mirrado, subdesenvolvido. Fosse eu agricultor ignorante, e se no meio dos meus milhos graúdos aparecessem aquelas espigas nanicas, eu ficaria bravo e trataria de me livrar delas. Pois o fato é que, sob o ponto de vista de tamanho, os milhos da pipoca não podem competir com os milhos normais. Não sei como isso aconteceu, mas o fato é que houve alguém que teve a ideia de debulhar as espigas e colocá-las numa panela sobre o fogo, esperando que assim os grãos amolecessem e pudessem ser comidos. Havendo fracassado a experiência com água, tentou a gordura. O que aconteceu, ninguém jamais poderia ter imaginado. Repentinamente os grãos começaram a estourar, saltavam da panela com uma enorme barulheira. Mas o extraordinário era o que acontecia com eles: os grãos duros quebra-dentes se transformavam em flores brancas e macias que até as crianças podiam comer. O estouro das pipocas se transformou, então, de uma simples operação culinária, em uma festa, brincadeira, molecagem, para os risos de todos, especialmente das crianças. É muito divertido ver o estouro das pipocas!

A transformação do milho duro em pipoca macia é símbolo da grande transformação por que devem passar os homens para que eles venham a ser o que devem ser. O milho da pipoca não é o que deve ser. Ele deve ser aquilo que acontece depois do estouro. O milho da pipoca somos nós: duros, quebra-dentes, impróprios para comer; pelo poder do fogo podemos, repentinamente, nos transformar em outra coisa — voltarmos a ser crianças!

Mas a transformação só acontece pelo poder do fogo. Milho de pipoca que não passa pelo fogo continua a ser milho de pipoca, para sempre. Assim acontece com a gente. As grandes transformações acontecem quando passamos pelo fogo. Quem não passa pelo fogo fica do mesmo jeito, a vida inteira. São pessoas de uma mesmice e de uma dureza assombrosas. Só que elas não percebem. Acham que o seu jeito de ser é o melhor jeito de ser. Mas, de repente, vem o fogo. O fogo é quando a vida nos lança numa situação que nunca imaginamos. Dor. Pode ser fogo de fora: perder um amor, perder um filho, ficar doente, perder um emprego, ficar pobre. Pode ser fogo de dentro: pânico, medo, ansiedade, depressão — sofrimentos cujas causas ignoramos. Há sempre o recurso aos remédios. Apagar o fogo. Sem fogo o sofrimento diminui. E com isso a possibilidade da grande transformação.

Imagino que a pobre pipoca, fechada dentro da panela, lá dentro ficando cada vez mais quente, pense que sua hora chegou: vai morrer. De dentro de sua casca dura, fechada em si mesma, ela não pode imaginar a transformação que está sendo preparada. A pipoca não imagina aquilo de que ela é capaz. Aí, sem aviso prévio, pelo poder do fogo, a grande transformação acontece: pum! — e ela aparece como uma outra coisa, completamente diferente, que ela mesma nunca havia sonhado. É a lagarta rastejante e feia que surge do casulo como borboleta voante.

Na simbologia cristã, o milagre do milho de pipoca está representado pela morte e ressurreição de Cristo: a ressurreição é o estouro do milho de pipoca. É preciso deixar de ser de um jeito para ser de outro.

O processo íntimo de mudança, simbolicamente, é como se colocássemos pipocas numa panela em fogo quente. A quentura nos indica a ação transformadora de Obaluaê, a panela é o nosso corpo físico, as pipocas que estouram significam aquilo que estamos conseguindo mudar dentro de nós, melhorando-nos e, consequentemente, atraindo uma vida de relação humana mais saudável. Nem todos os milhos de pipoca na panela estouram. Há até alguns que ficam duros e torrados; estes são os nossos impulsos atávicos mais cristalizados, nossas escoras de proteção do ego, escaramuças que disfarçam nossas fraquezas de caráter e que, de momento, não temos coragem de mexer ou não estamos preparados para mudar.

Todos nós já morremos muitas vezes. Deixamos "infinitos" despojos cadavéricos em milhares de covas em miríades de encarnações. Morreremos novamente e, enquanto tivermos caroços duros dentro de nós, voltaremos, até que estas nódoas se transformem nas Flores de Obaluaê, pipocas saltitantes para fora da panela do ciclo humano e carnal de reencarnações sucessivas, para que finalmente alcancemos a cura perene e alcemos voo para outras paragens cósmicas.

Quem disse que meu pai é velho,
É velho mas tem coroa
Ofereço a Obaluaê
Pipoca, perfume e flores

Atotô, obaluaê, meu pai
Meu pai é santo
É santo do meu axé, é santo do meu encanto

18

O SENHOR DAS FOLHAS
O poder curativo de Ossaim

Assim diz o mito: Ossaim cobra por todas as curas que realiza.

Desde pequeno, Ossaim andava metido mata adentro.

Conhecia todas as folhas e seus segredos.

De cada uma sabia o encantamento apropriado.

Sabia empregá-las na cura de doenças e outros males e com elas preparava beberagens, banhos e unguentos, que carregava consigo em miraculosas cabacinhas.

Sua fama o antecipava.

Por onde andava era aclamado o grande curandeiro.

Certa vez salvou a vida de um rei que, em troca, quis lhe dar muitas riquezas.

Ossaim não aceitou nada daquilo, somente recebia os honorários justos que eram pagos a qualquer curandeiro ou feiticeiro.

Tempos depois sua mãe caiu enferma e seus irmãos foram buscá-lo para tratar dela.

Ossaim chegou com suas folhas e atós[3] de remédios, mas estipulou um pagamento de sete búzios pela cura.

Os irmãos se espantaram com a exigência, porém, mesmo a contragosto, pagaram a quantia pedida e a mãe foi salva.

O dinheiro era parte da magia, que tem seus encantamentos, fórmulas e preceitos, que nem mesmo Ossaim pode mudar. Ossaim curou sua própria mãe e seguiu o seu caminho, como a folha que é livre e o vento que a leva.

●●●

Ossaim é o arquétipo do curador, "médico" e mago. Metaforicamente, andar metido mata adentro é aprofundar-se numa "floresta" de conhecimento e saberes magísticos, psíquicos, religiosos, científicos... Esse Orixá conhece todas as folhas e seus segredos; propriedades terapêuticas, indicações, dosagens, modos de utilização e, principalmente, seus encantamentos mágicos.

Antigamente, nas comunidades da Iorubalândia – antiga costa do Benin e da Nigéria, de onde veio a religião dos Orixás para o Brasil –, o exercício da medicina estava unido ao da magia; o curandeiro era feiticeiro, no sentido positivo, e benfeitor da arte de ser mago e médico ao mesmo tempo.

Há que se considerar o uso terapêutico das folhas – fitoterapia – associado ao manejo ritual com suas consagrações, que conferem poderes de ação além da mera indicação do princípio ativo contido na planta, tendo efeito somatório pela interferência da intenção mental do operador. Geralmente o campo de ação mágico é mais amplo que o alcance terapêutico isolado do elemento. O princípio ativo fármaco da folha pode não ser o mesmo da intenção mágica que realizou o encantamento em seu correspondente corpo etéreo.

---

3 Pequenas cabaças de porongo contendo remédios.

Existem associações de mais de uma planta que acabam tendo efeito sinérgico, por sua vez diferente do uso individual das folhas, que compõem o "emplastro", banho ou batimento. A ligação mágica é feita de elos verbais cantados, a ação terapêutica medicinal é associada à ação energética mágica esperada; combinação fluídica vibracional realizada na junção dos duplos etéreos das folhas e adequadamente potencializada pela ação dos Guias Astrais da Umbanda, havendo, por fim, uma ação coletiva do sacerdote oficiante do rito, dos médiuns, cantando, e dos espíritos mentores.

O que faz o fluido vital das plantas, notadamente aquele contido nas folhas, que são os objetos de maior uso litúrgico nos terreiros, ser dinamizado numa espécie de expansão energética (explosão) e, a partir daí, adquirir um direcionamento, cumprindo uma ação esperada, são as palavras de encantamento, o verbo atuante associado à força mental e à vontade do mago – sacerdote oficiante do rito –, perfazendo, assim, uma encantação pronunciada. Obviamente que, nesse processo, há uma perda de fluido vital, que terá que ser reposto para a manutenção da própria saúde do curador.

São exemplares a ética e o caráter de Ossaim, o grande curandeiro da religião tradicional iorubá que, no Brasil das diversas "umbandas", foi sincretizado com Oxossi, que absorveu seus atributos divinos. Diante das muitas riquezas que lhe ofereciam pelas curas "miraculosas" alcançadas, somente recebia honorários justos, que eram pagos a qualquer curandeiro comum. A fama não o envaideceu, tornando-o cobiçoso e aviltando o valor pago pelas consultas. Isso vale de alerta para os "pais de santo" venais aéticos e mercantilistas dos dias atuais, que dizem seguir uma tradição e uma ancestralidade africana, não sabemos qual. Na Umbanda, de uma maneira geral, não temos qualquer tipo de pagamento por trabalhos espirituais.

Na época desta narrativa mítica, Ossaim precisava repor as beberagens e os unguentos que usava, além disso, necessitava se alimentar adequadamente (não era caçador) e refazer-se das energias magnéticas doadas, que naturalmente poderiam o enfraquecer. Por isso, é tradicional, nesta cosmovisão e ética religiosa, "cobrar" dos consulentes que podem pagar o valor justo praticado pelos babalaôs, mas observemos que o Pai de Segredo não tem autorização para negar-se a atender quem não tem como pagar, nem que receba um punhado de inhame ou quiabo, terá que aceitar, se for o que o atendido tem a oferecer.

Na Umbanda esotérica, trazida ao plano da Terra por Mestre Yapacani (W.W. da Matta e Silva), temos a Lei de Salva, que não deve ser confundida com uma "galinha dos ovos de ouro". Infelizmente, a ganância de certa categoria de "umbandistas", falsos "chefes de terreiro", aviltam qualquer normativa de culto. Esta Lei da Magia é mais antiga que a própria magia, e os magos do passado nunca se descuidavam desta regra que diz que, para quem tem três a dar, cobra-se dois, e para quem não tem nada, dar-se-á um.

Somos de opinião de que não devemos cobrar sob hipótese alguma. A manutenção do tônus anímico fluídico do médium umbandista é preservada pelo escudo vibratório mediúnico das entidades astralizadas, nossos caboclos, pretos velhos, crianças, exus e pelos preceitos energéticos que realizamos habitualmente. Mas respeitamos e reconhecemos que há paga – Lei de Salva – na Umbanda esotérica, "escola" que respeitamos.

O próprio Allan Kardec reconheceu e fez considerações sobre a função mediúnica retribuída, sem o fulgor destemperado dos espíritas da atualidade e adeptos "umbandistas kardecistas" que, antes de olhar o caráter de quem cobra, já o condenam por antecipação. Disse Kardec:

Postas de parte estas considerações morais, de nenhum modo contestamos a possibilidade de haver médiuns interesseiros, se bem que honrados e conscienciosos porquanto há gente honesta em todos os ofícios. Apenas falamos dos abusos. Mas é preciso convir, pelos motivos que expusemos, em que mais razão há para o abuso entre médiuns retribuídos, do que entre os que, considerando uma graça a faculdade mediúnica, não a utilizam senão para prestar serviço.

*O grau de confiança ou de desconfiança que se deve dar a um médium retribuído **depende, antes de tudo, da estima que infundam seu caráter e sua moralidade, além das circunstâncias.** O médium que, com um fim eminentemente sério e útil, se achasse impedido de empregar seu tempo de outra maneira e, em consequência, se visse exonerado, não deve ser confundido com o médium especulador, com aquele que premeditadamente faça da sua mediunidade uma indústria. **Conforme o motivo e o fim, podem, pois, os espíritos condenar, absolver e, até auxiliar. Eles julgam mais a intenção que o fato material.*** (página 347 do Livro dos Médiuns – 21º edição – Editora Lake.)

Trazemos a lume as considerações lúcidas do codificador do espiritismo para demonstrar que a postura ética de Ossaim no mito está de acordo com outros olhares doutrinários.

Cabe a cada um de nós averiguar dentro de si o que almejamos sob a alcunha da mediunidade na Umbanda. Muitos nada cobram, mas são "remunerados" por suas vaidades, que gritam por reconhecimento, elogios, presentes, pompas e circunstâncias ilusórias pelas quais tantos se deixam levar na condução sacerdotal de seus terreiros. Quando chegarem do lado de lá, o que terão a receber, se já ganharam tudo em terra?

Concluindo este capítulo, pensemos que nem sempre nossas famílias nos apoiam ou compreendem nosso propósito de vida e as escolhas que fazemos. Exigências em contrário, expectativas frustradas, conflitos e opiniões sentenciosas integram a cultura de parentesco vigente, que exige do outro viver como desejam terceiros, e não como ele almeja verdadeiramente. Ou seja, não raras vezes, temos que ser firmes para seguir nossos caminhos, "cobrando" mesmo da família, como fez Ossaim, simbolicamente não abrindo mão de seus valores, fazendo-se livre como a folha que o vento leva.

Lembremos de Jesus, que, em determinado dia, estava pregando quando sua mãe e seus irmãos procuraram falar-Lhe, admoestando os discípulos para que o Mestre lhes desse a atenção que se achavam merecedores de receber. Ao ser informado disso, Jesus respondeu:

"Quem é minha mãe, e quem são meus irmãos?"

Em seguida, apontou para todos os que ali estavam e disse:

"Eis minha mãe e meus irmãos. Pois todo aquele que faz a vontade do meu Pai, que está nos céus, esse é meu irmão, minha irmã e minha mãe." (Mt. 12, 46-50.)

Ossaim curou sua própria mãe e seguiu o seu caminho, como a folha que é livre e o vento que a leva.

Estamos prontos para seguir realmente nossos caminhos? Quantos desistem da Umbanda pela contrariedade do marido, da esposa, do pai ou da mãe? Somos maduros e suficientemente independentes, seja materialmente e também psicologicamente, para fazermos nossas escolhas, independentemente da opinião dos outros? Eu sou honesto comigo mesmo, assim como Ossaim é consigo próprio?

Ewé O!
Ewé O!
Salve o senhor das folhas.
Salve o senhor das folhas.

19

A SENHORA DA MATÉRIA PRIMORDIAL
O poder curativo de Nanã

Assim diz o mito: Nanã fornece a lama para a modelagem do homem.

Dizem que quando Olorum encarregou Oxalá
de fazer o mundo e modelar o ser humano,
o Orixá tentou vários caminhos.
Tentou fazer o homem de ar, como ele.
Não deu certo, pois o homem logo se desvaneceu.
Tentou fazer de pau, mas a criatura ficou dura.
De pedra ainda a tentativa foi pior.
Fez de fogo e o homem se consumiu.
Tentou azeite, água e até vinho-de-palma, e nada.
Foi então que Nanã Burucu veio em seu socorro.
Apontou para o fundo do lago com seu ibiri, seu cetro e arma,
e de lá retirou uma porção de lama.
Nanã deu a porção de lama para Oxalá,
o barro do fundo da lagoa onde morava ela,
a lama sob as águas, que é Nanã.

Oxalá criou o homem, o modelou no barro.
Com o sopro de Olorum ele caminhou.
Com a ajuda dos Orixás, povoou a Terra.
Mas tem um dia que o homem morre
e seu corpo tem que retornar à terra,
voltar à natureza de Nanã Burucu.
Nanã deu a matéria no começo,
mas quer de volta no final tudo o que é seu.

●●●

Esse mito explica, na linguagem simbólica e simples dos antigos babalaôs, um tema complexo e de difícil entendimento para as criaturas de senso comum: a gênese divina dos seres humanos.

Os iniciados sabiam que a força dos Orixás era eficaz e poderosa para movimentar as energias sutis da natureza e do Plano Astral. As chaves interpretativas de ingresso aos fundamentos foram ocultadas pela ordem – espécie de maçonaria – dos Pais de Segredo, sendo reveladas a raros adeptos que tinham disciplina e caráter elevado para persistirem, determinados, sob as instruções dos severos mestres, os irmãos mais velhos.

Infelizmente, perdeu-se em muito a austeridade dos antigos babalaôs e houve um desvirtuamento na evocação dos poderes de realização dos Orixás. Os novos adeptos da diáspora africana no Brasil, não a maioria, deixaram de usar os saberes ancestrais como método de busca de harmonização do espírito – Ori – e passaram a utilizá-los como meio para atingir seus objetivos pessoais, de ganho mercantil, banalizando a tradição original. Ou seja, os "sacerdotes" quiseram colocar a sua vontade acima da ética da Lei Divina, criando uma doutrina aética, na qual tudo pode se fazer nas comunidades em nome da religião.

Atualmente, as pessoas que procuram o popularizado "poder do axé" pagam para usar forças mágicas para comprar e vender imóveis, para lucrar nos negócios e no trabalho, para resolver situações amorosas de acordo com seus caprichos mesquinhos e até para se livrarem de doenças que elas mesmas cultivaram em seus desatinos existenciais. Sem mencionar aqueles que tentam eliminar seus inimigos por meios mágicos, a mais baixa aplicação das forças espirituais.

Por isso que o saber ancestral permanecerá velado pelas fraternidades sérias e éticas que se preocupam com a harmonia coletiva, preservando a religião tradicional de indivíduos que só almejam usá-la para agredir uns aos outros. Assim, o simbolismo, as metáforas e as chaves interpretativas continuam reservadas a poucos adeptos, como forma inteligente de preservação dos fundamentos, o que é muito diferente de cursos ministrados à distância, sem quaisquer pré-requisitos, que ensinam rituais mágicos.

Por outro lado, não devemos confundir preservação com a centralização proposital do saber para manutenção do *status* sacerdotal, pois o verdadeiro iniciado tem o dever ético de redistribuir os conhecimentos. Os genuínos zeladores e dirigentes espirituais que receberam e possuem os arcanos – segredos – da tradição ancestral aguardam pacientemente o amadurecimento espiritual dos poucos aprendizes esforçados que ousam superar o próprio ego.

Digressões feitas, voltemos ao tema do nosso capítulo.

Nanã é Orixá primevo, que participa diretamente da "fabricação" cósmica dos espíritos. Quando nossa essência sagrada, chispa divina, foi criada, ela veio gradativamente sob um influxo incontrolável que a fez rebaixar-se até os planos das formas, notadamente ao Mundo Astral. Daí a necessidade de formação do Corpo Astral, veículo adequado à manifestação da consciência – Ori, nesta dimensão vibratória –, que, consequentemente, é o molde que modela nossos corpos físicos.

A porção de matéria primordial astralina que se aglutina no entorno do Corpo Astral, "penetrando" nosso períspirito e dando forma orgânica aos nossos atuais corpos humanos, é o "barro" que Nanã emprestou para Oxalá, o Oleiro Divino, modelar-nos. Este *quantum* de energia condensada retornará à Mãe Terra, domínio vibracional de Nanã, após a morte física. A matéria fornecida no começo da nova vida humana retorna à sua origem quando finda nosso tempo terreno.

Quando nos sujamos com a "lama" existente no fundo do poço em que caímos ao falhar em nosso propósito de vida, o qual aceitamos antes de reencarnar, no mais das vezes nosso ego se rebela e tece escaramuças psíquicas como meio de autopreservação, o que nos faz perder a capacidade de fazer o bem a nós mesmos. Cristalizamo-nos mentalmente na intenção, mas deixamos de agir. Ficamos "enlameados" no fundo do poço pela covardia de reagir, sentindo-nos vítimas dos outros, cheios de baixa estima pessoal, culpas, recalques e mágoas dissimuladas. Ao termos pena de nós mesmos, tornamo-nos flagelados psíquicos e alimentamo-nos da autocomiseração, que é um estado anômalo do espírito, que o faz "morto" num corpo físico, tal a morbidez emocional que nos torna quase suicidas indiretos.

Então, Nanã é o poder de realização sagrado que nos faz sair do "fundo do poço". É a capacidade intrínseca que temos de reagir, transmutando as emoções enfermiças e negatividades, saindo do "buraco" no qual nos metemos. Obviamente, a irradiação do Orixá, se devidamente canalizada dentro de preceitos rituais sérios e fundamentos ancestrais, vitaliza-nos para que tenhamos forças de reação, pois muitas vezes ficamos em tal estado de inanição e fraqueza psíquica que somos subjugados pelos nossos próprios pensamentos mórbidos.

O reino vibracional de Nanã se expressa na forma da natureza que conhecemos como manguezais e no fundo de lagos de águas paradas. É potente campo de magnetismo telúrico, sustentando energias transformadoras, eis que, da lama morta putrefata, a terra é fecundada e renasce fortalecida, gerando vida.

Na Umbanda, os atributos energéticos de Nanã – axé – têm o potencial de "levar" nossas emoções mórbidas reprimidas, renovando-nos internamente. No mais das vezes, os fluidos enfermiços que os consulentes carregam são deixados na contraparte astral do terreiro e precisam, ao final de nossas engiras públicas de caridade, ser deslocados para estes locais etéreos da natureza, que os decantarão, dissipando-os. Ocorre também de espíritos socorridos, ainda aprisionados no vitimismo, estagiarem no reino vibracional de Nanã até se esvaírem seus pensamentos mordazes. O magnetismo telúrico planetário sob a égide desse Orixá absorve nossas negatividades que nos fazem "mortos" vivos.

São muitos os que desistem da vida, negligenciando a oportunidade da reencarnação que lhes foi concedida. Quando se soltam dos corpos físicos pelo processo natural de morte, a "lama" regeneradora desse Orixá os acolhe enquanto o organismo físico se decompõe, em putrefação. Nesse ínterim, são desfeitos os laços energéticos mórbidos que os ligavam ao antigo envoltório carnal. A consciência finalmente adquire condição de desligamento da matéria que ocupou e que lhe foi emprestada para renascer.

Oxalá criou o homem, o modelou no barro. Mas tem um dia que o homem morre e seu corpo tem que retornar à terra, voltar à natureza do Orixá que forneceu a matéria primordial. Nanã a emprestou, oportunizando a expressão da vida humana, mas quer de volta, no final, tudo que é do seu reino.

Olha o véu do amanhecer
Olha o clarão, olha o romper da aurora
Vejo o colorir das flores
É Nanã que já vai embora
Quem é filho dela chora
Quando Nanã vai embora
A benção Nanã, a benção Nanã
De saudades também se chora

20

O TRANSE RITUAL COMO PREVENÇÃO DE DOENÇAS
O poder curativo de Obaluaê

Assim diz o mito: Obaluaê morre e é ressuscitado a pedido de Oxum.

Obaluaê era muito mulherengo, um galanteador incansável, um conquistador insistente. Era também um homem sem disciplina e não obedecia a mando algum que fosse. Durante o período de um rito, Orunmilá advertiu que todos se abstivessem de sexo, também Obaluaê – mas ele não cumpriu a interdição. Pensava estar acima dos euós, dos tabus. Naquela mesma noite, possuiu uma de suas mulheres.

Na manhã seguinte, Obaluaê tinha o corpo coberto de chagas. As mulheres de Obaluaê foram à casa de Orunmilá e lhe pediram que intercedesse junto a Olofim-Olodumare para que ele desse o perdão a Obaluaê. O Grande Rei não concedeu o perdão. Obaluaê morreu.

Orunmilá não se deu por vencido. Espalhou o mel de Oxum em todo o palácio de Olofim, e este ficou deliciado com a oferenda. "Quem despejara tal iguaria em sua casa?", perguntou Olofim a Orunmilá. "Uma mulher", foi a resposta.

Olofim mandou chamar todas as mulheres. A última a chegar foi Oxum, e ela confirmou: sim, era dela, de Oxum, aquele doce e farto mel. Olofim pediu-lhe mais doçura, mais mel. Para isso, tinha ele convocado as mulheres. Oxum disse que sim, que lhe daria o mel, tanto quanto quisesse, mas tinha o seu pedido: Olofim devia ressuscitar Obaluaê.

Olofim aceitou a condição de Oxum, mas Obaluaê viveu para sempre com o corpo em chagas. Esse castigo Olofim não retirou.

●●●

Este mito é muito instrutivo no âmbito do Adeptado nas religiões, em particular no de Umbanda. O aspirante a Adepto deve sentir-se em harmoniosa conexão com as hierarquias espirituais e com as forças cósmicas, mantendo desperta a consciência de estar vivo, lúcido num universo que é composto por relações puras e de ordem absoluta, que exigem disciplina, respeito e hierarquia, já que são estruturantes de íntimas correspondências vibracionais supraterrenas, transcendentes à matéria ordinária.

Alegoricamente, a narrativa aborda a necessidade de termos disciplina, para não nos deixarmos consumir pelas coisas mundanas, ilusórias e transitórias, pelos apelos sensórios, prazeres fugazes, sensações e gozos físicos sem moderação, que nos afastam do zênite da alma, inefável e infinito, quais são nossas ilimitadas possibilidades no Cosmo infinito enquanto espíritos imortais.

Há que se considerar que, na religião tradicional iorubá, origem do que entendemos por Orixás no Brasil, o Criador Supremo encontra-se em plano tão superior em relação aos seres humanos, e é de tal forma tão incognoscível, inexplicável e imperceptível, que foram criados os Orixás para serem louvados e nos levarem à Grande Mente Cósmica, pois seria inútil manter-se um culto específico em Sua honra e louvor, já que Ele, o Absoluto, não pode ser alcançado pelos homens em decorrência de nossas limitações e imperfeições.

Consideremos que Olorun é o nome mais comumente usado para designar a Divindade Suprema. O termo é fácil de ser analisado e traduzido, uma vez que se compõe de duas palavras apenas: "Ol-", de Oni (dono, senhor, chefe), e "Orun" (Céu, mundo onde habitam os espíritos mais elevados), formando "Olorun" – Chefe, Proprietário ou Senhor do Céu.

O termo "Olodumare" propõe um conceito de maior significado filosófico. Desmembrando a palavra, encontramos os seguintes componentes: "Ol-", "-odu" e "-mare", que analisaremos separadamente.

O prefixo "Ol-" resulta da substituição, pelo "l", das letras "n" e "i" da palavra "Oni" (dono, senhor, chefe), prefixo utilizado – modificado ou em sua forma original – para designar o domínio de alguém sobre alguma coisa (propriedade, profissão, força, aptidão etc.). Ex.: "Olokun" – Senhor dos Oceanos. O termo intermediário, "-odu", possui diversos significados, dependendo das diferentes entonações na sua pronúncia original, que, no caso, é "ôdu", e que, reunido ao prefixo "Ol-", resulta em "Olodu", cujo significado é "aquele que possui o cetro ou a autoridade", ou ainda "aquele que é portador de excelentes atributos, que é superior em pureza, grandeza, tamanho e qualidade". O último componente, "-mare", é, por sua vez, o resultado do acoplamento de dois termos: "ma" e "re", imperativo que significa "não prossiga", "não vá". A advertência contida no termo faz referência à incapacidade do ser humano, inerente à sua própria limitação, de decifrar o supremo e sagrado mistério que envolve a existência da Divindade Maior do Cosmo.

Por último, temos o termo Olofim, que é também uma das designações deste Ser Supremo e inigualável. Olofim seria Sua outra manifestação, que significaria "dono do palácio". Seu palácio é o céu, e sua corte real, os Orixás. Assim, estaria em contato direto com os homens através dos Orixás, dirigindo e supervisionando seus trabalhos na Terra.

Após esta breve e, a grosso modo, precária digressão etimológica das palavras Olorum, Olodumare e Olofim, voltemos à nossa "banda".

Na Umbanda, existem "ordens de trabalho" que determinam certos poderes de ação, em conformidade com a Lei de Causa e Efeito, que necessitam de preceitos e resguardos rituais para a manutenção do tônus vibratório dos médiuns que intercedem nos planos suprafísicos, cedendo suas sensibilidades psíquicas.

Compreendamos que há uma hierarquia espiritual da qual fazemos parte e somos o último elo, o mais denso e frágil, de uma corrente que inicia do lado de lá.

Quando lidamos com o intercâmbio mediúnico socorrista – pois as engiras umbandistas, nossas sessões públicas de caridade, são hospitais de almas –, há que se ter uma obediência férrea, porém não cega, às ordenações de nossos Guias e Mentores Astrais. Dizemos não cega porque devemos colocar à luz do discernimento e do bom senso, sob o crivo da razão, desapaixonadamente, tudo que nos "mandam" fazer na vasta seara do mediunismo.

O médium deve abster-se de alimentação imprópria, de difícil digestão, precaver-se de libações alcóolicas e manter-se "casto", preservando sua vibração original, sem interferências, num período mínimo de 24 a 48 horas antes do início dos trabalhos mediúnicos no terreiro. Quando há o intercurso sexual, mesmo o amoroso, as emanações energéticas dos parceiros interpenetram-se com intensidade, notadamente no ápice do gozo carnal, fazendo com que os chacras fiquem impregnados com os fluidos uns dos outros, notadamente o básico, o esplênico e o gástrico.

Obviamente, não temos nada contra os benefícios da relação sexual amorosa, tão somente consideramos que a vibração original fica prejudicada para a "perfeita" sintonia fluídica que a mecânica de incorporação com os nossos guias exige. Devemos entender que há, literalmente, um acasalamento áurico entre o medianeiro e o espírito do lado de lá, uma conexão para a nossa própria proteção e cobertura defensiva contra cargas energéticas deletérias que atraímos durante a sessão de caridade junto aos consulentes. Por isso existem as interdições, os preceitos rituais e os resguardos, objetivando-se a preservação do médium contra "penetrações" de energias enfermiças que o poderão prejudicar. Temos que entender que o transe ritual previne doenças se, e somente se, seguirmos adequadamente seus fundamentos e suas diretrizes de segurança com disciplina, ordem e método.

Mas por que o transe ritual previne doenças?

Nossa indisciplina habitual e desobediência costumeira às Leis Cósmicas fizeram, de uma maneira geral, com que os Corpos Astrais (períspiritos) dos cidadãos comuns e, majoritariamente, dos médiuns, ficassem "cobertos" de chagas, nódulos enfermiços e pústulas destrutivas, quase metástases etéreas, que vibram na contextura perispiritual. Ficaram demarcadas nesse veículo mais sutil que o corpo físico, como cicatrizes marcadas na pele com ferro em brasa, os nossos atos insanos de encarnações passadas que feriram nossa própria saúde perene a nível de veículos de manifestação da consciência – Corpo Astral e Mental inferior –, uma vez que o espírito em essência é chispa divina e nunca adoece.

A mediunidade nos moldes umbandistas propicia uma "limpeza" gradativa no corpo perispiritual. A cada incorporação com os nossos abnegados Guias Astrais, auferimos em nós a força dos atributos curativos dos Orixás. Temos a oportunidade de reaver os poderes de realização inerentes ao espírito que foram enfraquecidos, mas não perdidos de todo. Ocorre que nossos equívocos – pensamentos e atos cristalizados – vão sendo minimizados e revistos, repercutindo paulatinamente, por um processo de repercussão vibratória, na "cicatrização" de nossas chagas perispirituais, angariando-se, pouco a pouco, novamente a saúde de nossos veículos da consciência.

Sem fazermos apologia à teologia do sofrimento, que diz que temos que sofrer para resgatar ou queimar carma, tão comum nas hostes "espiritólicas" (aculturação do espiritismo original pela influência dos espíritas católicos), a verdade é que nós, médiuns de

Umbanda, recebemos o "dom" da mediunidade: foi-nos aplicado um aporte energético antes de reencarnarmos, um ato de misericórdia divina, na maioria das vezes por intercessão de nossos Ancestrais Ilustres, para o nosso próprio reequilíbrio na presente vida. Se assim não o fosse, provavelmente reencarnaríamos sob o guante de provações de sérias enfermidades, dado que não teríamos a oportunidade de servirmos, nos doando incondicionalmente à caridade em nossos terreiros. É como se fizéssemos uma "hemodiálise" a cada encontro ritual; o transe nos limpa as impurezas.

Vale ressaltar que "ressuscitamos" pelo renascimento em um corpo físico saudável, possibilitando-nos novamente um caminho digno à frente, bastando não errarmos mais uma vez os passos na atual existência humana. Não viveremos para sempre com o nosso corpo – períspirito – em chagas, pois não existem castigos ou penas eternas contempladas nas Leis Divinas.

Jesus ressuscitou Lázaro. Assim, ressuscitemos nós mesmos pela nossa força interna natural, intrínseca ao espírito, pois somos feitos à semelhança do Criador. Podemos e devemos fazer de nossas vidas humanas, aqui e agora, uma casa cheia de doçura, de doce e farto mel, obtendo saúde, abundância e prosperidade. Cabe tão somente a cada um de nós a responsabilidade daquilo que colocamos para dentro de nossos "palácios" – mente e veículos da consciência.

Que Obaluaê nos proteja e nos abençoe sempre.

É Obaluaê
É Obaluaê
É Atotô
É Obaluaê
É Obaluaê

Se você está sofrendo
no leito ou com frio e com dor

Com pipoca e com dendê
muita gente ele curou

Se seu corpo está ferido
e não pode mais suportar
Peça proteção a ele
que ele vai lhe ajudar!
Obaluaê!!!

É Obaluaê
É Obaluaê
É Atotô
É Obaluaê
É Obaluaê

Tenho segredo da vida
do começo e do fim
O meu senhor das palhas
tenha muita dó de mim

Na procissão das almas
que partem pro infinito
Ele vai mostrando a elas
outro mundo mais bonito!

É Obaluaê
É Obaluaê
É Atotô
É Obaluaê
É Obaluaê ele
que ele vai lhe ajudar!
Obaluaê!!!

21

AS INTERVENÇÕES
TERAPÊUTICAS DAS ENTIDADES

Assim diz o mito: Oxossi é raptado por Ossaim.

Oxossi vivia com sua mãe Iemanjá e com seu irmão Ogum.

Ogum cultivava o campo e Oxossi trazia caça das florestas.

A casa de Iemanjá era farta.

Mas Iemanjá tinha maus pressentimentos, e consultou o babalaô.

O adivinho lhe disse que proibisse Oxossi de ir caçar nas matas, pois Ossaim, que reinava na floresta, podia aprisionar Oxossi.

Iemanjá disse ao filho que nunca mais fosse à floresta.

Mas Oxossi, o caçador, era muito independente, e rejeitou os apelos da mãe.

Continuou indo às caçadas.

Um dia, ele encontrou Ossaim, que lhe deu de beber um preparado.

Oxossi perdeu a memória.

Ossaim banhou o caçador com folhas misteriosas e ele ficou no mato, morando com Ossaim.

Ogum não se conformava com o rapto do irmão.

Foi à sua procura e não descansou até encontrá-lo.

Finalmente livrou Oxossi e o trouxe de volta para casa.

Iemanjá, contudo, não perdoou o filho desobediente e não quis recebê-lo em casa.

Ele voltou para as florestas, onde até hoje mora com Ossaim.

Ogum, por sua vez, brigou com a mãe e foi morar na estrada.

Iemanjá passou a sentir demais a ausência dos dois filhos, que ela praticamente expulsara de casa.

Tanto chorou Iemanjá que suas lágrimas ganharam curso, se avolumaram, e num rio Iemanjá se transformou.

●●●

O terreiro de Umbanda é um grande hospital promotor de saúde. Nenhuma casa umbandista genuína fará mal para quem quer que seja ou trabalhará para causar enfermidades. É o desvio de caráter de certa categoria de sacerdotes que se dizem de Umbanda que conspurca ainda a nossa religião frente à sociedade mais ampla.

O mito nos ensina, de forma simbólica, que os Orixás são forças independentes, não passíveis de serem manipulados à vontade, como pensam alguns "pais de santo" que endeusam a si mesmos. Nem Iemanjá, a mãe de todas as cabeças, conseguiu impor a sua vontade a Ogum e Oxossi.

Os atributos divinos e poderes de realização dos Orixás são oriundos de uma fonte única, que é Deus, percebido de muitas maneiras pelos seres humanos. A Sua volição sagrada impõe aos Orixás o Seu "desejo", se é que assim podemos nos referir: auxiliar a humanidade no processo de evolução planetária.

Imbuídos desse ideal é que os Guias Espirituais de Umbanda atuam; enfeixados na irradiação dos Orixás, auferindo a capacidade de intervenção nas humanas criaturas, objetivando auxiliar nossas precárias existências em frágeis corpos físicos.

Cabe ressaltar que todo trabalho espiritual mediúnico, iniciático ou não, está amparado por leis reguladoras que atuam independentemente das denominações terrenas das religiões e doutrinas. Assim, mesmo que, por vezes, muitos médiuns e sacerdotes invoquem certas forças magísticas, convictos do resultado rápido, estão contingenciados por forças mantenedoras do próprio equilíbrio cósmico, para as quais somos como grãos no deserto – muda-se a posição de um monte de areia pelas mãos do homem, mas logo vem o vento incontrolável e o altera. Não temos capacidade de movimentar um deserto de lugar, assim como não teremos em nosso destino aquilo que não é nosso de merecimento, embora não haja determinismo. Por isso, muitos se desiludem com o seu "santo", pois pagaram e fizeram todas as iniciações e trabalhos rituais que lhes foram pedidos por determinada categoria de sacerdócio, aética e mercantil, sendo que, no mais das vezes, nada conseguiram.

Somente pelo esforço próprio alcançaremos a "boa sorte" em nossas vidas, tal qual a forja que transforma a força e destreza do ferreiro em peça útil. O caráter é o escudo de defesa do bom ferreiro, sua espada e armadura!

Os guias que labutam na Umbanda agem através da concentração mental da corrente mediúnica, que produz ondas de energia magnética, propiciando que os nossos mentores as canalizem para aqueles que são objetos da sua assistência durante as sessões públicas de caridade.

Na aplicação do passe aos encarnados, os médiuns utilizam o ectoplasma para a desmaterialização de tecidos etéreos enfermos dos humanos em certas regiões do corpo físico que correspondem a partes de órgãos localizados no duplo etéreo, e, após isso, realizam a materialização de tecidos saudáveis. As energias fluídicas manipuladas do ectoplasma do médium são usadas em um processo de desintegração atômica das células doentes e na imediata reintegração de células sadias na área afetada. Com o magnetismo próprio do metabolismo humano, afrouxam-se os laços que mantêm a coesão da estrutura molecular original das células doentes e "enxertam-se" novas. Esses moldes ectoplásmicos com células sadias são imantados na mesma frequência do campo magnético do encarnado. Cria-se, no duplo etéreo do órgão substituído, enxertado parcial ou totalmente, uma força magnética de retenção. Como uma cópia idêntica a ordenar novo pedaço ou conjunto a ser reconstituído, normaliza-se a disfunção vibratória do Corpo Astral e, consequentemente, aufere-se a recomposição orgânica do tecido que estava doente. É tudo muito rápido e acontece em segundos durante o passe, com o médium vibrando na entidade. A extrema plasticidade do ectoplasma no interior do organismo permite que se desmaterialize o tecido doente e, concomitantemente, molde o novo tecido orgânico sadio.

O ectoplasma é, alegadamente, uma substância fluídica, de aparência diáfana, sutil, que flui do corpo de um médium apto a produzir fenômenos físicos – dessa forma, antigamente, eram produzidas materializações. Hoje não existe mais a necessidade desse tipo de efeito, sendo mais sutil a aplicação do ectoplasma, notadamente no duplo etéreo.

Sabemos que o fulcro gerador das patologias nos encarnados, inclusive do câncer, se situa naquela zona limítrofe entre o Corpo Astral e o duplo etéreo. Porém, devemos ter como foco e área de atuação o duplo etéreo, devido à sua avançada fisiologia, que, cremos, já nos basta na presente encarnação.

Nossos abnegados Guias Espirituais dominam técnicas de intervenção avançadas através da criação de campos de força nos órgãos – aplicação da força mental, como já mencionado –, em parceria com os médiuns para o fornecimento de fluido animal – ectoplasma. Obviamente, também socorrem desencarnados sofredores que estão em faixa de sintonia com os encarnados em atendimento, atuando em seus ferimentos astrais – perispírito –, recompondo membros, cicatrizando pústulas, refazendo tecidos enfermos.

O duplo etéreo do homem não só é o mais qualitativo e complexo, devido ao sistema fisiológico e avançado dos "chacras", como ainda o principal veículo de coordenação e relação com todos os outros fenômenos das vidas menores. É um veículo aprimorado, cuja dinâmica é utilíssima ao atual estado de consciência do homem porque, embora no mundo da matéria, ele conecta a criatura com seus veículos superiores.

Os espíritos costumam operar curas agindo exclusivamente no campo etéreo; em seguida, o molde do órgão em que atuaram vai se modificando lentamente e, pela repercussão vibratória, modela-se também a sua contraparte física. Então, podemos nominar a intervenção no duplo etéreo como eteriatria, uma forma de tratamento magnético que conjuga energia animal proveniente dos médiuns (talvez em forma de "força vital") com energia de alta frequência vibratória proveniente de nossos guias, que a captam, por sua vez, da imensidão cósmica – dos atributos divinos curativos e poderes de realização dos Orixás – e convenientemente a modulam e projetam sobre o consulente.

Para bem compreender em que consiste a intervenção do lado de lá em nossos duplos etéreos, basta considerarmos os estados da matéria. Em estado natural, por exemplo, a água é líquida: moléculas afastadas umas das outras, permitindo extrema mutabilidade de forma. Se congelada, solidifica-se: moléculas justapostas. Mas, evaporada por ação do calor, transforma-se em gás: as moléculas se afastaram tanto que a água perdeu a forma. Assim é a área visada do duplo etéreo; nas camadas subjacentes e interpenetradas ao Corpo Astral – perispírito –, se tornará plástica e maleável por alguns minutos, com as moléculas afastadas umas das outras na mesma medida da intensidade de energia que lhes for projetada. O processo inicia no nível vibratório, que tangencia o períspirito justaposto ao corpo etéreo, e se refletirá no corpo físico.

O tema é um tanto "técnico", mas importa deixarmos claro o mecanismo padrão que os nossos guias usam nas intervenções terapêuticas a favor das humanas criaturas. Independente do arsenal de Umbanda utilizado – elementos diversos; líquidos, folhas, essências –, o método permanece o mesmo, havendo variações em conformidade com o merecimento individual de cada um.

Oxossi mora nas matas com Ossaim. Ogum foi morar nas estradas. Onde moram nossa essência e aptidões naturais, lá devemos estar, mesmo contrariando a vontade dos mais próximos a nós.

Oxossi mora debaixo da Gameleira
Debaixo da Gameleira
Salve Rompe Mato
Salve Arranca Toco
Salve o Tira Teima
Ele é Caboclo
Em qualquer lugar
Firma seu ponto
Sem medo de errar
Só não me toque
Nas palmas da Jurema
Sem a Lei Suprema
Do Pai Oxalá.

22

A FALÊNCIA DO PONTO
DE FORÇA DO ORIXÁ

Assim diz o mito: Iemanjá irrita-se com a sujeira que os homens lançam ao mar.

Logo no princípio do mundo, Iemanjá já teve motivos para desgostar da humanidade. Pois desde cedo os homens e as mulheres jogavam no mar tudo que não servia.

Os seres humanos sujavam as águas com lixo, com tudo o que não mais prestava, velho ou estragado. Até mesmo cuspiam em Iemanjá, quando não faziam coisa muito pior.

Iemanjá foi queixar-se com Oludumare. Assim não dava para continuar; Iemanjá vivia suja, sua casa estava sempre cheia de porcarias.

Oludumare ouviu os seus reclames e deu-lhe o dom de devolver à praia tudo o que os seres humanos jogassem de ruim em suas águas. Desde então as ondas surgiram no mar. As ondas trazem para a terra o que não é do mar.

•••

É possível a falência total do ponto de força de um Orixá?

É plausível a fadiga completa do sítio vibracional da natureza?

Estive dando um passeio na Praia de Ipanema, à beira do lago Guaíba, na zona sul de Porto Alegre. Foi no dia 1º de janeiro, iniciando o ano em um final de tarde abafado, sem nenhuma brisa para refrescar. Tinha intenção de caminhar na areia e molhar os pés, saudando o ano novo. Mas isso não foi possível.

Para minha tristeza, verifiquei muito lixo nas calçadas, que ainda não havia sido recolhido pela prefeitura. Tal fato seria contornável se a praia estivesse limpa.

Infelizmente, além do esgoto escuro, largo e fétido que deságua a céu aberto a menos de 50 metros do monumento de Oxum, a praia estava cheia de oferendas em decomposição.

Andando pela calçada, não tinha como não sentir o cheiro de carniça, tal a quantidade de galinhas com penas em putrefação, deixadas a esmo entre pedras e pés de árvores, em local público. Sem contar os materiais sintéticos: plásticos, bandejas de alumínio e barcos melancolicamente caídos na areia, devolvidos pelas marolas de água doce.

Ainda fiquei surpreso e profundamente decepcionado por verificar que o monumento a Oxum estava bem "ao lado" do principal e fétido esgoto, que escoava diante de nossos olhos, entre emanações de insuportáveis gases nauseabundos, para as águas do lago Guaíba.

Com intensa e penetrante tristeza na alma, não senti a presença do Orixá Oxum naquele local. E essa constatação não é desrespeitosa com o culto popular do Orixá e a fé individual e coletiva. Tão somente verifiquei que, pela poluição cloacal, pelos elementos não biodegradáveis e pela descaracterização de fundamentos ancestrais, o ponto de força que seria de Oxum estava em completa fadiga, em total falência vibratória, não havendo mais conexão com os poderes de realização da divindade.

Penso que talvez estejamos falhando galhardamente em orientar nossas comunidades afro-umbandistas sobre como devemos proceder em nossas oferendas e louvações públicas no sítio sagrado do Orixá.

Triste, triste experiência.

Já temos que conviver com a poluição e os dejetos humanos, nossas praias estão tomadas por saídas de esgoto a céu aberto e, no verão, ainda deixamos centenas de toneladas de lixo nas areias. Se não aprendermos a fazer oferendas ecológicas, como os antigos faziam, vamos estar literalmente, cada vez mais, "matando" os pontos de força dos Orixás. Quando desrespeitamos os fundamentos da tradição ancestral, que orientam que as oferendas devem ser feitas em locais virginais da natureza e assim devem permanecer, não temos um manejo ecológico dos elementos sacralizados. O que está acontecendo rotineiramente não tem nada a ver com oferendas ao Orixá.

Fazemos um alerta: estão fazendo descarte (despachos) dos materiais utilizados nos ebós – trabalhos espirituais – em locais públicos. O consulente vai até o terreiro e procura reequilíbrio em sua vida, uma harmonização do seu Ori, um restabelecimento de saúde, o apaziguamento de uma relação conflituosa e até o "afastamento" de um obsessor. Os elementos utilizados para esses fins deveriam ser "descartados" junto à natureza e, por isso mesmo, teriam que ser biodegradáveis. Por vezes, nos tempos idos, eles eram enterrados na terra; hoje são deixados em qualquer local público, em sacos plásticos, com garrafas, copos, materiais metálicos, como bandejas de alumínio e outros.

Infelizmente, o ato de fé inocente dos cidadãos crentes que procuram ajuda espiritual em certos terreiros serve tão somente de ganho mercantil, pois a falta de instrução e fundamento é total. Carecemos de melhor formação sacerdotal, mas a transmissão oral de saber está enfraquecida em muitas comunidades, eis que é impossível dar-se o que não se tem – se o dirigente foi mal formado, será um instrutor espiritual deficiente.

O espaço sagrado dos Orixás deve ser cuidado; nada de utensílios que não se degradam, se levou, busque. Em vez de jogar tantas frutas fora, leve para aqueles que precisam e sentem fome. Recolha as garrafas e os lixos que estão na praia, não só um dia, mas o ano todo, assim você com certeza estará com muito axé da Grande Mãe.

Tanta gente cortando isopor e madeira para seu barco, enfeitando com papel crepom e celofane, florzinha tingida de azul, aquela coisa toda artificial, espelhinho e pentes que não são biodegradáveis. Tem até flores artificiais, de plástico. Tantas cartinhas de pedidos, mas nada de agradecimentos, tantas velas acesas, tantos barcos enfeitados, tantas frutas desperdiçadas, tanto "pai de santo" exigindo ato de fé dos seus filhos nestas procissões rumo à beira do mar, querendo que os outros deem o que nem ele mesmo tem a dar. São toneladas de canjicas enfeitadinhas, multidões fazendo excursão para as praias, sem mencionar os que vão beber e girar para "Exu" e "Marinheiro" "até cair", "homenageando" a Grande Mãe, cujos filhos tristemente fazem pequena por não serem instruídos com fundamento em relação ao seu ponto de força sagrado.

Quando cada final de ano chega, temos que conviver com muita sujeira deixada nas praias por pessoas que desrespeitam profundamente os seus semelhantes, o mar e toda a natureza. Além disso, desmerecem Iemanjá em seus fundamentos mantenedores, sagrados, divinos, que não combinam com poluição. São copos, garrafas, restos de alimentos, embalagens e uma infinidade de outras coisas, materiais plásticos, pentes, vidros de perfumes, e até mesmo alguns itens que expressam de um jeito errado a fé de pessoas com boas intenções, mas ecologicamente e religiosamente mal orientadas, pois apodrecerão atraindo moscas e outros insetos. Barquinhos cheios de oferendas, bebidas e frascos diversos são lançados ao mar por essas pessoas como gesto inocente de fé, mas será mesmo que Iemanjá, a rainha de todas as águas, quer que sujemos as praias e a sua morada, o oceano?

Você já voltou à praia na manhã seguinte e viu que a totalidade desses barcos foi afundada, "rejeitada", como que devolvida pelo mar, atracando nas areias? Visualmente, para crentes de outras religiosidades, nós, umbandistas, não parecemos nada higiênicos nessas práticas festivas junto aos mares.

Se você fosse Iemanjá, a mãe de todos os Orixás, gostaria de ter sua casa entulhada de sujeira?

A verdade é que os barcos afundam logo, e as oferendas, em sua maioria, retornam para a praia, trazidas pela força das correntes marítimas que geram as ondas.

A nossa maior oferenda é a consciência amorosa para com a "morada" do Orixá. A quem tiver necessidade de um elemento material para ofertar em pequeno rito pessoal para Iemanjá, recomendamos que ofereça "apenas" as pétalas de rosas de cor branca, que podem ser borrifadas com perfume de alfazema. Não deixe os talos das rosas, os frascos de perfumes, restos de velas ou quaisquer outros objetos na praia. Velas só devem ser acesas em locais apropriados, e quanto às outras sobras, recolha e jogue tudo no cesto de lixo, devidamente acondicionado em sacos plásticos, separando-o em seco e degradável, facilitando a coleta pelos órgãos públicos.

Vale lembrar que Iemanjá e todos os Orixás são aspectos diferenciados do Criador, e não espíritos individualizados. Não há a necessidade de deixarmos bebidas e comidas na beira do mar, muito menos copos plásticos e embalagens de vidro.

Não nos esqueçamos de prestar nossas homenagens à rainha das águas com a devida consciência umbandista, ecológica e que respeita os locais públicos frequentados por pessoas de outras crenças religiosas. Preservemos a "casa" de Iemanjá, o seu ponto de força, sagrado e divino, plasmado pelo Grande Arquiteto do Universo – Olorum –, sem a poluirmos mais.

Rosas pra Yemanjá
Rosas pra Yemanjá
Rosas pra Yemanjá
Eu vou levar
Eu vou levar, eu vou
Yemanjá
Leva pro mar esta saudade
Da terra-mãe distante
Minha vontade de chorar
Leva pro mar
Yemanjá
Quero curtir felicidade
Ser livre como as ondas
Grande como essa imensidão
Azul do mar
Rosas pra Yemanjá
Rosas pra Yemanjá
Rosas pra Yemanjá
Eu vou levar
Eu vou levar, eu vou
Yemanjá
Dona do mar a divindade
No borbulhar das ondas
Ouço sua voz me abençoar
Linda sereia
Yemanjá
Meu orixá é só bondade
Protege tanto a gente
Com o seu manto azul de paz
Amor e luz

23

O que a Umbanda nos ensina?

Oxalá meu Pai
Tem pena de nós, tem dó
Se a volta no mundo é grande
Seus poderes são maiores

Nas redes sociais, diariamente, são postadas mensagens de pessoas dizendo o que é ou não é Umbanda. Partem da premissa de vivência em seus terreiros, parte de um todo, e equivocadamente percebem a parte como sendo o todo.

Outros começam a estudar a Umbanda em livros e apostilas baixadas da rede e já se arvoram em vozes da verdade, por vezes abrindo canais de vídeo e já ditando doutrina, com pouca ou nenhuma vivência presencial no terreiro.

Há ainda os que são "formados" à distância, em cursos rápidos e sem quaisquer pré-requisitos, que, "diplomados" com certificado do "mestre" sicrano ou beltrano, também se acham (presunção) no direito de dizer o que é ou não é Umbanda.

Nesta época atual, quando, em muitos terreiros, inverteu-se a hierarquia e se cultua a personalidade humana (ego) – se o Guia

Espiritual incorporar e não bater a cabeça para o dirigente, o médium será repreendido e recriminado, pois o título de coroado, consagrado, sacerdote, mago ou mestre, com certificado de conclusão de curso na parede, tornou-se mais importante que nossas entidades manifestadas –, urge fazermos algumas reflexões.

A Umbanda nos convida a conhecermo-nos, a avaliarmo-nos como umbandistas que pretendemos ser, como cidadãos religiosos que escolhemos nos tornar, pois somos ferramentas de uma Ordem Cósmica maior – Olorum –, que visa o melhoramento de caráter da humanidade.

O que, de fato, tenho aprendido com a Umbanda e com os Guias?

Eu tenho buscado viver os Orixás e os ensinamentos dos abnegados Guias no meu dia a dia, na minha convivência com meu próximo, com aqueles que não pensam como eu?

Tenho almejado a disciplina de Ogum, a ponderação e a polidez de Xangô, o conhecimento e o autoconhecimento de Oxossi?

Trabalho a renovação dentro de mim mesmo com Iemanjá, ou a geração de bons sentimentos e de vida de Omulu, ou a evolução de Obaluaê?

Será que me esforço para viver o amor de Oxum, mesmo com os que não me são afins? Tenho coragem de olhar meu reflexo no espelho da alma e me aceitar?

Faço uso da sabedoria de Nanã ou trato minha vida com a importância com que Oxalá me trata?

Busco a maturidade de mãe Obá ou a ousadia sensata de Iansã?

Será que o meu caminho é mesmo a Umbanda? Qual o meu papel dentro dela?

Eu sou do tempo da simplicidade, do pé no chão, do saber transmitido de boca a orelha, do silêncio e da discrição nos preceitos, da humildade no trato com os mais velhos e respeito aos mais novos. Sou da época em que o aprendizado era vivenciado com o tempo certo de preparo, e, quando se abria uma casa, depois de muitos anos, era para a Umbanda de todos nós, e raramente o novo terreiro não se enraizava. Era o tempo em que as sementes se tornavam árvores frondosas. Hoje, temos muitas folhas ao vento, pois qualquer brisa as levanta do chão.

Não, não é uma prestação de contas com o Pai da Justiça e muito menos um julgamento ou o anúncio de um veredicto. É uma forma de sermos chamados à realidade que nos envolve, com a fé que abraçamos e com aqueles que têm em nós, médiuns, a referência de uma religião que merece todo o nosso respeito.

Como divulgadores da Lei de Umbanda, que é algo sério e para gente séria, devemos nos atentar para a estrada que temos aberta sob nossos pés. Vamos percorrê-la conscientes de nossa tarefa?

Eu não preciso melhorar a Umbanda, pois a Umbanda já é um bem em si. Mas a Umbanda pode me fazer bem e melhorar o ser humano que sou quando eu humildemente procurar vivê-la e senti-la dentro de meu ser, esforçando-me para desbastar minha vaidade, meu egoísmo e orgulho.

Concluo esta obra transcrevendo o artigo *As faces da intolerância dentro do terreiro,* de autoria do irmão de fé Tata Luis (Sacerdote dirigente da Fraternidade Espiritualista Caboclo Ubirajara), administrador do site *A Centelha Divina* (www.acentelhadivina.org), para que, ao final da leitura, possamos refletir sobre o que podemos fazer para melhorar, em nós, a receptividade, notadamente dentro dos nossos templos religiosos, dos poderes volitivos e curativos dos Orixás, e, consequentemente, sermos canais de sintonia mais afins com nossos abnegados Guias Espirituais.

Gratidão incondicional aos leitores e a você, umbandista, pelo apreço, confiança e apoio demonstrados em todos esses anos.

Axé!

Norberto Peixoto.

•••

Outro dia, em conversa com o Pai Pequeno, comentamos que as maiores demandas que um terreiro enfrenta não são as vindas de fora. Essas são apenas "demandas oportunistas", que aproveitam os enfraquecimentos causados pelas demandas verdadeiras para se instalarem. E quais seriam as "verdadeiras"? As verdadeiras, as mais difíceis de se resolver, as que desgastam mais e que mais abalam as estruturas espirituais da casa são as demandas INTERNAS, particularmente aquelas que envolvem filhos do mesmo terreiro.

Não estou falando de demandas espirituais no sentido literal, ou seja, de uma pessoa fazer um trabalho contra outra dentro do mesmo terreiro. Não! Isso é tão fora de contexto que não vou nem considerar nas minhas observações. Chamo de "demanda interna" as broncas, os ódios, as resmunguices, os olhares enviesados, o cochicho escondido, o rosto virado, o "não falo com", e outras coisas parecidas.

E antes de eu continuar, já peço: NÃO PARE DE LER!

Pode ser que eu esteja falando de você e para você, e gostaria que prestasse atenção! É importante!

A primeira reação da maioria das pessoas, nesse momento, é pensar: "É mesmo! Esse assunto é muito importante, e que bom que está sendo abordado aqui, porque já vi que Fulano age assim com Beltrano, e Beltrano age da mesma forma com Sicrano". Se o seu pensamento foi esse, caro leitor, eu repito: NÃO! Não é do Fulano e nem de Beltrano que estou falando! É de você! Sim, você mesmo! Aí, dito isso, você deve estar pensando: "Falando de mim? Não mesmo! Eu não ajo assim com ninguém, a não ser com tal pessoa, mas só porque ele (a) faz assim comigo...". Outros dirão: "Ah... só faço isso quando tenho razão...". E outros: "Faço porque não tolero algumas coisas, não tenho sangue de barata...". Ui! Foram três chutes na canela, se você não percebeu... Então, por isso, vamos lá! Vamos tentar deixar as coisas mais claras!

Vamos começar falando de você! Sim, falando de você, que procurou um terreiro de Umbanda porque se reconheceu necessitado de auxílio para desenvolver-se mediunicamente e crescer espiritualmente e moralmente. Naquele dia em que iniciou-se na Umbanda, você desejou aprimorar sua mediunidade e se tornar uma pessoa melhor, lembra? E isso porque você olhou para trás e falou: "Já andei por tantos lugares e já fiz tanta coisa errada... Quero mudar! Quero evoluir!". Aliás, "evoluir" é a palavra que a maioria fala. E o "evoluir" significa "conseguir errar menos". E quantas vezes você já errou em sua vida? Quantas vezes você falou algo de que se arrependeu depois? Quantas atitudes você não teria tomado se pudesse voltar no tempo? E sabe por que você errou tanto? Eu sei: por ignorância! Não foi porque você é mau! Em toda a sua vida, você só quis ser feliz, mas, por não saber o caminho certo, muitas vezes optou pelo errado! Aquela palavra áspera que você falou para alguém foi porque, naquele momento, você achou que era o melhor a ser dito! Aquela falta grave só foi cometida porque a sua consciência, naquele momento, não viu nada demais naquela ação... E as percepções dos erros que cometeu só vieram depois de ver o desfecho das coisas e sofrer as consequências, não foi?

Pois é... É assim que aprendemos...

Nós erramos, sofremos as consequências, para só depois aprendermos o que não deveríamos ter feito... Isso acontece com você, acontece comigo e... acontece com todos, incluindo com seu irmão de terreiro!

Você – tenho certeza – ficaria muito grato se as pessoas que você magoou, aquelas para quem você falou palavras ásperas (lembra daquele momento em que você estava irritado?), ou que sofreram por alguma atitude errada sua, conseguissem ter esse pensamento a seu respeito, e entendessem que tudo o que você fez, não o fez por maldade, que você tem boas intenções, mas que erra somente por ignorância, na tentativa de ser feliz... E continuassem a te amar e a desejar tudo de bom para você... Não seria ótimo?

Pois é! Isso, todos nós gostaríamos em relação a nós mesmos!

Mas e em relação aos outros?

Se nós erramos por ignorância, por que não podemos aceitar que os outros também sejam ignorantes e, por isso, tenham o direito de também errar?

Se nós queremos ser compreendidos em nossas limitações, por que não entender que as limitações dos outros também devem ser compreendidas?

Se nós, independente das aparências, estamos fazendo força para melhorar, por que não entender que os outros, mesmo que não pareçam, também estão tentando se superar?

Se nós esperamos que tolerem nossos defeitos, por que não tolerar os dos outros?

Eu sei o porquê de tudo isso! Sabe qual é a razão? É o EGO! O ego que não deixa tolerar os erros dos outros; o ego que não deixa "levar desaforo para casa"; o ego que fala: "Fui ofendido e não posso aceitar isso..." e ainda se autojustifica com a frase: "Tenho gênio mesmo!". Enfim, o culpado de tudo é o seu ego, que impede você de ver que o outro que lhe ofendeu é um ser igualzinho a você, que erra por ignorância, na tentativa de ser feliz, e que irá aprender a ser melhor conforme sofrer as consequências dos seus atos.

Tem gente que ao chegar nesse ponto da leitura deve pensar: "Eu tenho muitos defeitos sim, mas nunca fiz o que Fulano faz...". Engano seu, meu amigo! Pode ser que você hoje não faça, ou por falta de oportunidade ou porque já fez no passado (mesmo que tenha sido em outra encarnação), sofreu as consequências e, com isso, aprendeu que não se deve fazer... Em contrapartida, você tem muitos outros defeitos que podem ser repugnantes para outras pessoas e, para você, é só um defeitozinho...

Aí, pode ser que você fale: "Ah... eu sou assim mesmo, tem coisas que não tolero e vou precisar de muitas encarnações para ver de outra forma!".

Ué, mas para que mesmo você procurou a Umbanda?

Não foi para tentar ser melhor?

Quando é que vai começar a praticar?

Instrução espiritual e moral não faltam. O Preto Velho fala da humildade, do perdão... E se você já o recebe, pode ser que fale através da sua boca... O Caboclo fala da fraternidade, a Criança, da pureza, o Exu, da compreensão...

E o que você leva disso tudo para você?

O que os Guias pregam só serve naqueles momentos dentro da gira?

Quem é que, de fato, está tentando ser melhor assim?

Cadê a compreensão dos limites dos outros?

Cadê o esforço para entender a ignorância alheia?

Onde está a consciência de que todos somos seres imperfeitos e em evolução?

Tem gente que fala: "Ok! Sendo assim, vou passar a tratar normalmente o fulano aqui dentro do terreiro, mas lá fora, não quero assunto...". Ué... Existe "meia evolução"?

Quem quer evoluir escolhe hora e local para tentar ser compreensivo e amar?

E você?

Já se localizou na leitura deste texto?

Tomara realmente que ele não sirva para você! Mas se você ainda tem dúvidas, deixa eu te ajudar: há alguém dentro do terreiro com quem você não fale de propósito?

Você se reúne com pessoas ou participa de algum grupo virtual onde se aproveita para comentar defeitos dos outros?

Há alguém dentro do terreiro que você não convidaria para passar uma tarde com você?

Você já se pegou postando indiretas na internet, pensando em alguém do terreiro?

Se você respondeu "sim" a algum dos itens acima, é bom verificar seus sentimentos, pois há indícios de que você ainda está com dificuldades em melhorar, perdoar, amar e ver seus irmãos com outros olhos, procurando compreender os limites e a ignorância de cada um...

Estou ouvindo alguém dizer: "Já tentei tratar Fulano melhor, mas ele não tem jeito!". E o seu comportamento tem que depender do comportamento do outro?

Você quer ser melhor pelos outros ou para ficar em paz com a sua consciência e conseguir a tal da "evolução"? Imagine se Jesus amasse e tratasse bem somente os bons e, aos maus, retribuísse com grosseria ou desprezo?

Como será que você seria tratado por ele?

Outros falam: "Fulano não age certo! O correto seria daquela forma!". Não espere dos outros reações que VOCÊ teria! Cada um tem um grau de entendimento e seus próprios limites! No futuro, com as consequências dos atos, é que cada um vai aprendendo mais e ampliando sua visão!

E você, já está se esforçando para ver dessa forma, mais ampla?

Há, ainda, os que dizem: "Mas eu não sou obrigado a gostar de Fulano ou a querê-lo perto de mim!". Sim, meu filho (a), você não é obrigado a nada! Mas quem é que queria mesmo se superar e evoluir?

Aliás, foi para isso que você entrou para o terreiro de Umbanda, lembra?

Ninguém irá te cobrar por isso, mas até onde vai realmente sua vontade de crescer?

Ela vai só até onde começam o ego e a intolerância?

Bom, a solução de tudo isso é simples: basta praticar o que os seus próprios Guias (ou os dos seus irmãos, caso você ainda não incorpore) ensinam: amar, perdoar, compreender, não julgar, ajudar etc. Fazendo assim, no final das contas todos saem ganhando! O terreiro ganha mais fraternidade; o "fulano" ganha os seus exemplos; e você ganha por estar sendo melhor, conseguindo se superar!

E se, com tudo isso, ainda não te convenci, leia as palavras abaixo e reflita sobre cada frase. Não pule e nem diga para você: "Ah, já conheço...". Não! Leia de verdade, e veja onde você se encaixa e o que falta encaixar. E não pense que estou falando de outra pessoa não! Estou falando de você! Pois este texto serve para todos! Ah! E depois releia tudo outra vez!

Senhor, fazei-me instrumento de vossa paz.
Onde houver ÓDIO, que eu leve o AMOR;
Onde houver OFENSA, que eu leve o PERDÃO;
Onde houver DISCÓRDIA, que eu leve a UNIÃO;
Onde houver DÚVIDA, que eu leve a FÉ;
Onde houver ERRO, que eu leve a VERDADE;
Onde houver DESESPERO, que eu leve a ESPERANÇA;
Onde houver TRISTEZA, que eu leve ALEGRIA;
Onde houver TREVAS, que eu leve a LUZ.
Ó, mestre, fazei que eu procure mais CONSOLAR que ser consolado;
COMPREENDER que ser compreendido;
AMAR que ser amado.
Pois é dando que se recebe, é perdoando que se é perdoado, e é morrendo que se vive para a Vida Eterna!

E só para finalizar: nenhum de nós é perfeito! Nem eu, nem você, nem o nosso irmão de terreiro! Mas temos que nos esforçar por nos superarmos! Temos que ganhar a medalha de ouro do autocontrole! Temos que tentar fazer com que a consciência supere sempre a paixão! E não podemos terminar nossa história assumindo para nós a "Síndrome de Gabriela", sem querermos vencer nossos limites, sem sairmos da zona de conforto, justificando nossos destemperos nas condutas dos outros e, simplesmente, aceitando passivamente a forma como somos atualmente. Não! Essa seria a Gabriela de Jorge Amado; e ela diria: "Eu nasci assim, eu cresci assim e vou ser sempre assim!". Nós não! Não mesmo!

Se algo não ficou claro, leia outra vez!

REFERÊNCIAS BIBLIOGRÁFICAS:

AUGRAS, Monique. O Duplo e a Metamorfose – a identidade mítica em comunidades nagô. Editora Vozes.

BENISTE, José. Mitos Yorubás – o outro lado do conhecimento. 7° edição. Bertrand Brasil.

_____, José. Òrun Àiyé – o encontro de dois mundos. 9° edição. Bertrand Brasil.

OXALÁ, Adilson de. Igbadu – a cabaça da existência, mitos nagôs revelados. 2° edição. Editora Pallas.

PRANDI, Reginaldo. Mitologia dos Orixás. Companhia das Letras.

SANTOS, Juana Elbein dos. Os Nagô e a Morte. 11° edição. Editora Vozes.

VERGER, Pierre Fatumbi. Orixás. 6° edição. Editora Corrupio.

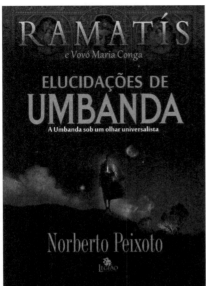

SUMÁRIO

- Considerações do Médium
- Prefácio de Ramatís
- Respostas a um Ateu
- Experimentação na Matéria Densa
- Vida e Clonagem
- Criação e Cosmogênese
- Consciência Cósmica
- Plano Divino de Evolução
- Fé Científica
- Congraçamento Mediúnico
- Umbanda e Apometria
- Magia Aumbandhã
- Oferendas e Magismo da Natureza
- Orixás, Corpos e Chacras
- Regência Vibratória dos Astros
- Sobre Mediunidade de Cura
- Sete Vibrações e Manifestações Mediúnicas
- Breve Elucidário Umbandista pelo Espírito Vovó Maria Conga
- Vivência Crística e Universalidade

Ramatís
A Umbanda sob um olhar universalista
Norberto Peixoto

Relembramos alguns conceitos teosóficos e esotéricos mais relacionados com as filosofias orientalistas, precisamente o Budismo e o Hinduísmo, preparando o leitor para adentrar em temas diretamente relacionados com o Ocultismo umbandista, os quais, conforme compromisso assumido no Além, temos de apresentar: Umbanda e Apometria; magia; oferendas junto à natureza; Orixás, corpos e chacras; regência vibratória dos astros; manifestações mediúnicas e as sete vibrações ou linhas; breve elucidário umbandista na forma de perguntas e respostas, no qual fazemos as perguntas e responde Vovó Maria Conga, que na Umbanda dos homens se apresenta como preta velha laboriosa, Espírito de escol ao qual nos unimos por laços de afinidade desde eras que a nossa memória espiritual quase apaga.

É oportuno esse trabalho com Vovó Maria Conga para que sirva de referência aos umbandistas sérios e estudiosos, propiciando aos espiritualistas de boa fé, comprometidos com a união crística de todas as doutrinas da Terra e que se sentem atraídos por nossos singelos e despretensiosos escritos, maior "proximidade" com a Umbanda.

Antes de qualquer definição, podemos afirmar que a Umbanda é crística por essência, tendo no Jesus humano a representação do Cristo Cósmico e do amor que prepondera no Universo entre as criaturas.

Ramatís

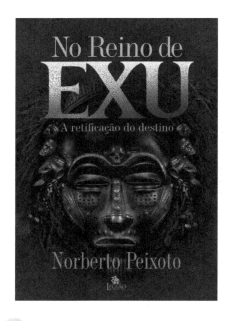

NO REINO DE EXU
A retificação do destino
Norberto Peixoto

...Quando recebia as mensagens e as transpunha para o papel, sentia como se as entidades estivessem falando diretamente comigo, numa conversa coloquial, só que escutava como se suas vozes retumbassem dentro de minha cabeça.

Exu Calunguinha, na aparência de um menino branco batedor de carteira da Idade Média na Inglaterra, mostra-se sóbrio como muito homem grande não é. Bem-humorado, faz na brincadeira o que gente séria não teria coragem. Com um "português" por vezes sem uso nos dias atuais, alertava-me que o que vale são as ideias, para que eu as captasse em pensamentos e depois arrumasse do meu jeito, desde que ficassem fiéis ao que me ditara.

Senhor João Caveira, um Exu sério, de poucas palavras e muita ação. Como genuíno Exu de Calunga (cemitério), atua em faixas vibratórias que a humanidade teme, pois a maioria age como se fosse imortal.

Exu da Pedra Negra, apresenta-se como portentoso nativo andino, de tez acaboclada, cor de tijolo. Muito alto com braços grandes e mãos firmes, confidenciou-me que foi construtor de pirâmides no antigo Egito.

Exu Morcego, uma narrativa emocionante, real e repleta de sentimento. Num determinado momento que estávamos escrevendo juntos, senti a emoção, como se sua garganta engasgasse ao se lembrar de algo muito antigo; sua meninice no berço da Religião Tradicional Iorubá.

O autor

SUMÁRIO

PARTE 1
Exu Calunguinha
Calunguinha, ao seu dispor
Os primeiros estágios após a morte
As zonas purgatoriais
Tronqueira fechada
Entrevista com Exu Calunguinha

PARTE 2
Exu João Caveira
A legião de Exus Caveira
O feitiço virou contra o feiticeiro
Recepção na Calunga Pequena
Uma filha da corrente é atendida
Entrevista com Exu João Caveira

PARTE 3
Exu Pedra Negra
Acordei no Vale das Pedras
Finalmente, o sono dos justos
Preparo na Escola de Guardiões
Corre gira, tem sessão no terreiro
Entrevista com Exu Pedra Negra

PARTE 4
Exu Morcego
A queda do Pai de Segredo
A dependência do sangue
A escravidão aos feiticeiros
O fim do vampirismo espiritual
Entrevista com Exu Morcego